季節を味わう住みこなし術

～ちょいケアで心地よいライフスタイルに大変身～

日本建築学会 編

技報堂出版

本書は「一般財団法人住総研」の 2020 年度出版助成を得て出版されたものである

床下結露の様子（p.16）

床材裏の断熱材が剥がれ落ちている様子（p.25）

壁内のグラスウールのカビ（p.36）

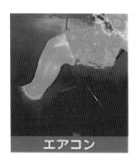
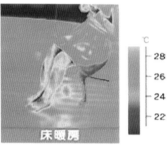

床暖房（右）とエアコン暖房（左）の足元温度分布の比較（p.41）

冬の日の窓際の DIY 家具の熱画像
（p.137）

背面に設置した温度計（左）と太陽熱温水器
（p.126）

ベトナム・ドゥオンラム村の住宅の外観（p.151）

複層ガラスとの表面温度の比較（p.158）

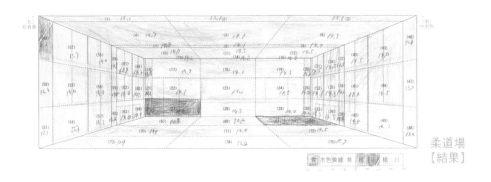

柔道場
【結果】

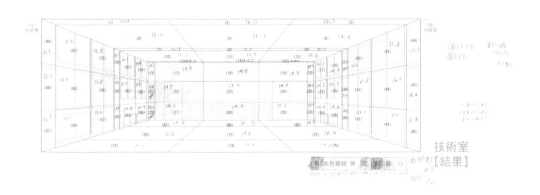

技術室
【結果】

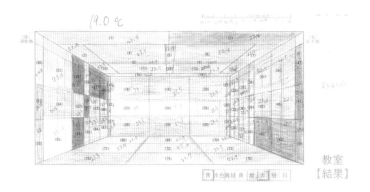

教室
【結果】

水俣市立水俣第一中学校のお手製サーモグラフィ（p.162）

はじめに

　持続可能な社会に根づく建築の実現には、それに相応しい建築の創出と、その建築を適切に利用できるユーザーの存在が必要不可欠です。住まいに置き換えていえば、環境配慮型住宅に適用された環境技術と、それを理解し、使いこなす居住者の新たなライフスタイルの両立が求められるということになります。このとき、住まいの環境に居住者が五感を通して気づき、環境と空間との関係やつき合い方を知り・考える機会を創出することは重要と考えます。

　本書では、この新たなライフスタイルを住みこなし術と称し、住宅の環境調整技術とその住みこなし術を併せて紹介します。季節ごとに屋外気候を活かし快適に過ごすための住まいの工夫や居住者に求められる配慮や工夫についてできるかぎりわかりやすく解説しますが、まず季節ごとに起こり得る住まいの困りごとを共有したいと思います。たとえば暑さや寒さ、結露などの問題を自覚するところから、その問題の原因と対策を紐解く手順で、本書を読み進めていただきたいと思います。さらに、（一社）日本建築学会地球環境本委員会環境ライフスタイル普及小委員会や全国各地の大学の建築環境や住教育の研究室を拠点に、執筆者らがこれまで実践的に検討・蓄積してきたさまざまな建築環境の体感型授業やワークショップの知見を活用しながら、体感的に住まいの建築環境の原理に気づき、居住者自身が住まいの環境改善策を考えるための誘導方法も示しています。

　本書は、工務店やハウスメーカー、ディベロッパー、専門教育の各現場など、専門家から居住者、学生等に伝える際の指南書となるとともに、基礎知識も平易に示すことでプロと一緒に居住者も学べる刊行物を目指しています。本書を通して、建築の環境技術やその住みこなし術を理解してもらい、ちょっとした手間をかけるだけで、"ちょいケア"で心地よい居住生活が実現できることを広く読者に知っていただき、実践してほしいと願っています。

日本建築学会

本書作成関係委員

地球環境委員会

委員長	野城　智也	東京大学
幹　事	窪田　亜矢	東京大学
	川久保　俊	法政大学
	斉藤　雅也	札幌市立大学
委　員	（省略）	

環境ライフスタイル普及小委員会 （2019〜2022年）

主　査	斉藤　雅也	札幌市立大学（〜 2020 年　幹事）
幹　事	田中　稲子	横浜国立大学（〜 2020 年　主査）
	廣瀬　和徳	株式会社教育環境研究所（2021 年〜）
委　員	篠　節子	篠計画工房
	宿谷　昌則	東京都市大学・LEXSdesing 研究室
	菅原　正則	宮城教育大学
	妹尾　理子	文教大学（2021 年〜）
	高橋　達	東海大学
	高柳　有希	ONAKAMA DESIGN（〜 2020 年）
	谷口　新	大妻女子大学短期大学部
	中島　裕輔	工学院大学
	西川　竜二	秋田大学
	平石　年弘	明石工業高等専門学校
	村田　昌樹	OMソーラー株式会社
	吉野　泰子	元 日本大学

執筆者一覧

（五十音順・敬称略）

斉藤　雅也	札幌市立大学　デザイン学部・教授
宿谷　昌則	東京都市大学・名誉教授／LEXSdesign 研究室
菅原　正則	宮城教育大学　教育学部・教授
高橋　達	東海大学　建築都市学部・教授
高柳　有希	ONAKAMA DESIGN
田中　稲子	横浜国立大学　大学院都市イノベーション研究院・教授
谷口　新	大妻女子大学　短期大学部・教授
中島　裕輔	工学院大学　建築学部・教授
西川　竜二	秋田大学　教育文化学部・准教授
廣谷　純子	名古屋女子大学　家政学部・専任講師
船場ひさお	こどものための音環境デザイン・代表理事／横浜国立大学・客員教授
村田　昌樹	ＯＭソーラー株式会社
吉野(光田)泰子	元 日本大学　短期大学部・教授

編集担当委員

斉藤　雅也	札幌市立大学
高橋　達	東海大学
高柳　有希	ONAKAMA DESIGN
田中　稲子	横浜国立大学
谷口　新	大妻女子大学短期大学部

季節を味わう住みこなし術

～「ちょいケア」で心地よいライフスタイルに大変身！～

Ⅰ　季節の暮らし・住まいの困りごと …………………………………………… 1

1. 夏 ………………………………………………………………………………… 2

　　（1）異常に暑い２階（または最上階）（谷口）……………………………… 2
　　（2）日除けの失敗（こんなに頑張っているのに！！日除けは難しい）（高橋）……… 5
　　（3）風は通る? 通せない?（田中）………………………………………………… 9
　　（4）熱風を取り入れる?（田中）………………………………………………… 12
　　（5）カビの発生（中島）…………………………………………………………… 15
　　（6）エアコンの効きが悪い（谷口）…………………………………………… 18

2. 冬 ………………………………………………………………………………… 21

　　（1）コタツから離れられない（田中）………………………………………… 21
　　（2）１階の底冷え（中島）……………………………………………………… 24
　　　　～もしかしたら断熱材が落ちているかも?
　　（3）暖かい居間、寒い廊下（斉藤）…………………………………………… 29
　　（4）室内に冷気流発生（コールドドラフト）（斉藤）……………………… 32
　　（5）結露水との闘い（中島）…………………………………………………… 34
　　（6）換気問題（中島）…………………………………………………………… 37
　　（7）せっかくの床暖房、なぜ１階にしないの?（高橋）…………………… 40
　　　　～設置場所の選択ミス

3. 季節との共生・人との共存 ………………………………………………… 43

　　（1）季節の切り替えの失敗（斉藤）…………………………………………… 43
　　（2）誰の温度に合わせるか（谷口）…………………………………………… 47

Ⅱ　季節の住みこなし術 & 気づき・体験プログラム ………………………… 49

0. 住みこなし術と幸せな暮らしの創出（宿谷）……………………………… 50

1. 夏の章 …………………………………………………………………………… 54

1.1 夏の上手な遮熱の仕方 ……………………………………………………… 54

　　（1）放射熱に気づく（宿谷）…………………………………………………… 54

　　（2）涼しさを創るための日差しの入り方を知る（斉藤）‥‥‥‥‥‥‥‥‥‥‥‥　56

　　　　【体験】ソーラークッカーで気づく、太陽エネルギーの熱利用（村田）‥‥‥‥‥　59

　　（3）日除けの使いこなし術（高橋）‥‥‥‥‥‥‥‥‥‥‥‥‥‥‥‥　62

　　　　【体験】水スースー・みどりヒエヒエ実験（廣谷）‥‥‥‥‥‥‥‥‥‥‥　67

　　（4）屋上・屋根は想像以上に熱い（村田）‥‥‥‥‥‥‥‥‥‥‥‥‥　71

　　（5）緑とのつき合い方（田中）‥‥‥‥‥‥‥‥‥‥‥‥‥‥‥‥‥　76

　　　　【体験】窓面日除け効果の箱模型実験（廣谷）‥‥‥‥‥‥‥‥‥‥‥　79

1.2 夏の上手な涼房設備の使い方‥‥‥‥‥‥‥‥‥‥‥‥‥‥‥‥　83

　　（1）気流の向きを変えるとこんなに効く（高橋）‥‥‥‥‥‥‥‥‥‥‥　83

　　　　～扇風機やエアコンの効きも使い方しだい

　　　　【体験】エアコンの冷気流の可視化（高橋）‥‥‥‥‥‥‥‥‥‥‥　86

　　（2）放射冷暖房（高橋）‥‥‥‥‥‥‥‥‥‥‥‥‥‥‥‥‥‥‥　89

　　　　【気づき】家電のエネルギーを知ろう（中島）‥‥‥‥‥‥‥‥‥‥‥　94

1.3 夏の上手な通風の仕方‥‥‥‥‥‥‥‥‥‥‥‥‥‥‥‥‥‥　97

　　（1）通風の基本（西川）‥‥‥‥‥‥‥‥‥‥‥‥‥‥‥‥‥‥‥　97

　　　　【気づき】スモークテスターで空気の流れを可視化する（西川）‥‥‥‥‥　103

　　　　【気づき】水平の空気の流れを可視化する（田中）‥‥‥‥‥‥‥‥‥　105

　　　　【体験】模型で温度差換気や水平方向の通風に気づく（田中）‥‥‥‥‥　108

　　（2）窓の開けにくさとどうつき合うか（船場）‥‥‥‥‥‥‥‥‥‥‥　112

　　　　【体験】騒音とその対策につながるプログラム（船場）‥‥‥‥‥‥‥　114

1.4 涼風の作り方・誘い方‥‥‥‥‥‥‥‥‥‥‥‥‥‥‥‥‥‥　118

　　（1）窓開けのタイミングと夜間換気（中島）‥‥‥‥‥‥‥‥‥‥‥‥　118

　　（2）空気の入口・出口のお手入れ（中島）‥‥‥‥‥‥‥‥‥‥‥‥　120

2．冬の章‥‥‥‥‥‥‥‥‥‥‥‥‥‥‥‥‥‥‥‥‥‥‥‥‥　122

2.1 冬の日差しの上手な利用法‥‥‥‥‥‥‥‥‥‥‥‥‥‥‥‥　122

　　（1）太陽熱のパワーと活かし方（村田）‥‥‥‥‥‥‥‥‥‥‥‥‥　122

　　　　【体験】ペットボトルで太陽熱の収穫実験（村田）‥‥‥‥‥‥‥‥‥　125

　　（2）窓際の使いこなし術（西川）‥‥‥‥‥‥‥‥‥‥‥‥‥‥‥　129

　　　　～過剰にもなる窓際の日差しに対する賢い照明法

　　　　【体験】照明当てクイズ（西川）‥‥‥‥‥‥‥‥‥‥‥‥‥‥‥　134

　　　　【体験】窓際のコールドドラフトの可視化と対策DIY家具（田中）‥‥‥‥‥　136

　　　　【体験】明るく強い建物デザイン（菅原）‥‥‥‥‥‥‥‥‥‥‥‥　138

2.2 上手な暖かさの閉じ込め方　　　　　　　　　　　　　　　　　　　141
　　（1）熱の逃げ方・逃げにくさを知る（断熱性とは）（斉藤）　　　　141
　　【体験】住居模型を用いて暖かい家の要件を学ぼう（菅原）　　　　146
　　（2）断熱の効果を知る（高橋）　　　　　　　　　　　　　　　　154
　　【体験】お手製サーモグラフィー（高橋）　　　　　　　　　　　　159
　　～放射温度計と色鉛筆で判る断熱の善し悪し
　　【体験】DIY 簡易断熱の効果の実験（田中）　　　　　　　　　　　164

2.3 湿気との付き合い方　　　　　　　　　　　　　　　　　　　　　167
　　（1）乾燥対策は必要だけど、加湿にも注意が必要（村田）　　　　167
　　（2）結露の対策は断熱と換気（村田）　　　　　　　　　　　　　169

2.4 冬の上手な暖房設備の使い方　　　　　　　　　　　　　　　　　172
　　（1）暖房機器の種類とその特徴（中島）　　　　　　　　　　　　172

2.5 未来の住みこなし術を見つける（高橋）　　　　　　　　　　　　177

　　コラム：床暖房いれて暖めるのはそこじゃない！（谷口）　　　　　26
　　コラム：打ち水マイスター ～本当に涼しくなる打ち水とは（高橋）　74
　　コラム：グループホームでのグリーンカーテンの試み（職員の気づき）(吉野)　82
　　コラム：季節の風向を調べてみよう（田中）　　　　　　　　　　111
　　コラム：北向き部屋のポテンシャル（斉藤）　　　　　　　　　　150
　　コラム：体感温度の異なる二人の暮らし方（斉藤）　　　　　　　175

I

季節の暮らし・住まいの困りごと

（1）異常に暑い２階（または最上階）

あたたかい空気は上に行き、冷たい空気は下に行くということは小学校の理科で学ぶので多くの人が知るところです。また太陽の動きで、夏の南中時はほぼ真上からの太陽光で屋根面に日射を受けることも日常的に経験することです。

■ 温熱環境の測定

実際の住宅において温熱環境はどのようになっているのでしょうか。異なる三軒の住宅で温度測定を実施しました。各階の代表的居室に温湿度計を設置し、30分ごとに記録しています。

住宅A（築年数約10年）　　住宅B（築年数約40年）　　住宅C（築年数約90年）

写真 I-1.1　築年数の異なる3つの住宅

住宅A：木造3階建、屋根断熱あり
住宅B：RC造2階建、屋根断熱あり
住宅C：木造2階建、屋根断熱なし

■ 住宅A　木造3階建ての概要

ここでは、現代において一般的なつくりの一例として、築年数が一番浅い住宅Aについて着目してみます。

計画概要は、近隣に商業地域がある、住宅の密集したエリアに建つ建築面積35 m²（≒10坪）程度の小さな家です。設計の段階では当然、夏と冬の日射、風通しなど、この本で紹介されていることは意識されています。メインの開口部は南東、前面道路の向かいに駐車場があり、唯一南側の視界が抜けています。1階はあまり期待できないけれども、2階の日

当たりは良好です。しかし、いずれ駐車場の跡地に住宅が出来ることも予想され、2階はそれまでの間だけ日当たりを享受して、基本的に日当たりは3階で確保するという方針になります。3階はワンルームで、キッチン、ダイニング、リビングが構成されています。角地のため道路斜線制限が二方向からかかり、屋根形状は切り妻や寄棟ではなく、ガルバリウム鋼板による学校の体育館みたいな円弧の屋根です。天井高も確保するために平天井ではなく、屋根形状に合わせた曲面です。もちろん断熱材はあり、グラスウールを施工しています。壁面の開口部も検討が重ねられ、通風も良好な空間です。この段階における夏の暑さ対策としては、エアコンに最初から頼るのではなく、メインの開口部の外側に日除けを居住者が設置することをイメージしています。冬の日当たりの確保についてこだわらない人もいるのですが、暖房設備をはじめからアテにしない方針においては、お日様の存在を無視することはできません。

　住宅Aの室温を見てみましょう。
　2022年1月21日14:30　外気温　6.9℃、3階23.3℃、2階13.9℃、1階　7.8℃
　2022年4月22日14:30　外気温27.5℃、3階26.0℃、2階22.9℃、1階19.0℃
　2022年7月23日14:30　外気温35.6℃、3階35.4℃、2階29.7℃、1階27.1℃

　ここでは3階に着目します。冬の日中は暖房不要なほどポカポカですが、夏の暑さは非常に厳しくなっています。測定時はエアコンが入っていませんが、当時、住んでいた家では、窓ガラスにサッシという窓枠があり、サッシの外周部には少し奥行きのある外壁の丹羽が長方形の枠になっていました。屋根には断熱材が施工され、通風もされています。しかし、トップライトからの日射が強烈で室温に影響していると思われます。トップライトの日射遮蔽はなかなか難しく、ガラス面に貼ったフィルムだけですので要検討事項となりました。

　同じような外気温の夏の一日、住宅Bや住宅Cではどのようになるでしょうか？鉄筋コンクリート造の住宅Bは2階、1階いずれもムッとする感じになりました。また木造の住宅Cは金属板葺きで、屋根はもちろん壁にも断熱材はありません。確かに暑いのですが、軒の出によって日差しもさえぎられ風通しもよく、なんとか過ごせます。徒然草の「住まいは夏を旨とすべし」が思い出されます。

（2）日除けの失敗

　夏の炎天下に日傘をさして外出することは珍しいことではありません。日傘をさした状態で風が吹いてくれたら涼しいですし、その風が少しでもひんやりしていたら、なおのことです。このように夏に普通に行っている行為は、実は日傘を庇や簾に、風を扇風機やエアコンからの冷気に置き換えれば、そのまま効果的な冷房のコツになります。日除けで強い日差しの光や熱を遮っておけば、エアコンを使うにしても設定温度を過度に下げずにすみますし、エアコンの効きもよくなるし、外気温が低ければ通風との併用で涼しくなるからです。

写真Ⅰ-1.2　鉄筋コンクリート造のある町役場の2階バルコニーの床裏面にカーテンレールを打ち付け、農業用の遮光スクリーン（寒冷紗）が屋外日除けとして設置された優良事例（写真提供：北瀬幹哉）

　というわけで、住まいの暑さ対策に日除けは必須アイテムなのですが、実はこの日除けの設置がずいぶんと難しくて、住まいの専門家でも失敗することがあります。

■ 吊るすためのフックがない

　集合住宅の場合、特別にエコを謳（うた）っている住宅でないかぎり、バルコニーの天井部分に日除けを吊るすためのフックは通常、設置されていません。また戸建て住宅でも、1階や2階の軒（屋根の先端の庇に相当する部分）の裏側がフックを取り付けるには難しい、硬い材料でできていることが珍しくありません。

■ 危ない日除け ― 落下する日除け・空飛ぶ日除け

　集合住宅の2階に住んでいたころに、腰窓（腰から上の部分だけの窓）の屋外側に日除けをとりつけて、大失敗をしたことがあります。

　当時住んでいた家では、窓枠の外周部に少し奥行きのある外壁の端部が長方形の枠になっていました。私はその左右両端部に**写真I-1.3**のように突っ張り棒を取り付けて、突っ張り棒にフックで簾（すだれ）を吊るすことにしました。腰窓から外に身を乗り出す作業そのものも危険だったのですが、それ以外にも危険がありました。設置から数週間たったある日のこと、仕事から帰ってきて気づいたのですが、なんと突っ張り棒と簾が地面に落ちていたのです。たまたま階下に誰もいないときに落下したので事無きを得ましたが、このような危険な日除けの設置方法は絶対に避けないといけません。

　集合住宅の場合、物干し竿用のフックや物干し竿は日除けを吊るすことができるので、落下してもケガを招かないような、軽いスクリーン・タイプの日除けなら心配なく用いることができます。ただし、強風により日除けスクリーンがフックから外れて飛んでいき事故を招くこと

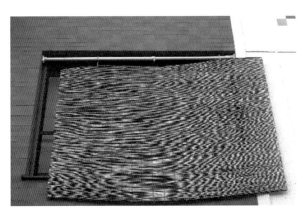

写真 I-1.3　　窓外側の外壁に突っ張り棒を渡して吊した簾（写真提供：北瀬幹哉）
　　　　　　　　数週間後地面に棒ごと落下することになった

もあるので、台風や強風が予想されたら、スクリーン・タイプの日除けをたたんでしばっておく必要があります。

■ 腕利きだけど手間のかかる日除け ― 緑のカーテン

　アサガオやゴーヤなど、ツル性の植物を育てて、窓の外に吊るしたネットに這い上がらせ窓面を覆うことができたら、暑さの元凶である日射の侵入をくいとめることができます。植物は蒸散作用（植物が行なう打ち水）で葉を自己冷却するために、日射を吸収して高温になるはずの葉が高温になりにくいのです。このため、緑のカーテンは最上の日除けと考えてもいいものなのです。ところが、そんな緑のカーテンにも欠点があります。ゴーヤを育てようとしてもプランターの土づくりをちゃんとしないと、苗からでもなかなか育ってくれない、伸びても1階部分を覆うに至らない（**写真 I -1.4**）、夏が過ぎたら残ったツルや枝を撤去する手間が面倒、などなどです。

　手間の問題は簾や葦簀（よしず）にもあります。簾や葦簀は2、3年使うと紫外線と風雨による変色、破損でみすぼらしくなりますので、古いものを外し、新しいものを設置する必要があります。そんな手間に懲りて、簾や緑のカーテンの設置をやめてしまう人も珍しくありません。

■ カーテンを閉めたらかえって熱くなった！？

　ここまで読んで「なんでカーテンを閉めないの？　カーテンならもっと楽なのに！」と思う方も多いと思います。カーテンを閉めたとしてもとくに暗い色の場合、カーテンが日射をさかんに吸収して高温になり、まるで窓辺に吊るされたホットカーペットのような状態になります。この場合、はからずもカーテンを閉めることが暖房行為になっていることに気づいていないわけです。カーテンは明るめの色がオススメです。

写真 I-1.4　アサガオで窓面緑化を試みたある小学校（左）　ネットを張って育成を促したが、葉や枝の茂り方は日除けの効果を発揮するには大きく不足している（右）。緑のカーテンの育成にはコツと経験が必要

■ 頑張りが報われる日除けの使いこなし術

ではどうすれば効果的な日除けができるのでしょうか?

外壁や2階バルコニーの床裏にフックが付けられなければ、オーニングを設置しましょう。新築の戸建て住宅ならあらかじめ日除け用のフックを導入しておくことは簡単ですので、住宅会社へのリクエストに必ず日除け用フックを加えておきましょう。

緑のカーテンや簾、葦簀は時間の経過で劣化することを念頭に入れて、更新の準備をしておきましょう。それが面倒でしたら、日除けスクリーンとそのフックの取り付け、あるいはオーニングの設置に切り替えましょう。

カーテンを用いる場合は暗い色のカーテンで日を除けるのはやめましょう。上記の日除けが実現されると、体感ではっきりと日除けの効果が確認できるようになります。

以上の詳細は「日除けの使いこなし術(pp.62〜70)」としてしっかり解説しますので、ぜひ読み進んでください。

参考文献
1) 高森町教育委員会・(株) 中村勉総合計画事務所: 平成18年度 高森町 学校エコ改修と環境教育事業報告書, 高森町, 2006.3

（3）風は通る？　通せない？

▲風が通っていない

▲風が通っている

　春先の風に吹かれ、心地よかった記憶というのは誰しもあるはずです。そんな風を感じたいと窓を開けるのは当然の欲求でしょう。ひと頃は、夏になれば窓や間仕切りを開け放し、通風をしながら暑さをしのぐ様子はどの家にも見られたはずです。今ではそのような光景はほとんど見られません。この間、住宅技術の向上だけでなく、生活スタイルやプライバシーに対する意識の変化など社会状況が大きく変化し、気づけば私達は風を通すどころか窓の意味さえ忘れがちになっていないでしょうか。本節と次節「熱風を取り入れる？（pp.12 ～ 14）」では、風通しにまつわる失敗と対策について解説してみましょう。

■ 風の通り道はありますか

　最近、都市部ではマンション暮らしの方が増えていると思います。窓を開けても部屋に風が通らないと感じた経験はありませんか。風が通りにくく暑いので、エアコンに頼ることに慣れてしまったかもしれません。昔の住宅では、四方の窓や間仕切りを開放して風を通すことで、建物にたまった熱や湿気を戸外に追い出し、通り抜ける風が身体から熱を奪うことで涼

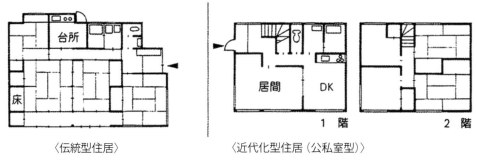

〈伝統型住居〉　　　　　〈近代化型住居（公私室型）〉

図 I-1.1　個室化による風通しの変化[1]

を得ていました。しかし、いつしか市街地の密集化や、狭小住宅や集合住宅が増え、開放できる窓は極端に減り、個室化によって間取りが複雑化し、風が流れにくい住まいが多くなってきました（**図 I-1.1**）。風はいうまでもなく空気という流れる気体です。水と同じように入口と出口が、そして力が加わらなければ動きません。戦後の住宅大量供給時代と比べて施工技術は格段に向上し隙間のない住宅になった現在は、窓や扉を開けなければ大きな密閉空間のようなものです。居間の窓を1か所開けたぐらいでは、入口はあれど出口はない空間のため外部風に押されても室内の空気は動けません。すなわち、その住宅内に風は通らないことになります。新型コロナウィルスのクラスター発生防止策の一つとして「複数の窓がある場合、二方向の壁の窓を開放」「窓が一つしかない場合は、ドアを開ける」[2]と言われる所以はここにあります。窓を1か所開ければ、建物の隙間からどこからともなく風が抜けて行くような住宅ではなくなったわけです。かといって、隙間だらけの住宅では夏や冬の冷暖房が効きにくいうえにエネルギーが無駄に掛かってしまいます。

　日本の多くの地域では夏になると南風が吹きますが、密集地の住宅では必ずしも、風の入口と出口になり得る南北に正対した窓があるとは限りません。風の方向と平行な外壁に窓がある場合、窓を開けても風の入口にはなりません。隣棟間隔も狭く密集しているうえに、目隠しのフェンスや塀で覆われていれば外部風は敷地内に流れ込みにくくなります。現代の住宅は敷地も建物内部も風が通りにくい構造になっているのです。

　24時間換気や空調が完備された住宅に住み慣れた皆さんは、風の通り道をつくる習慣が失われ、灯油ストーブなどの使用時に危惧された一酸化炭素中毒の心配もなくなり、新鮮空気と汚染空気を交換するという換気の目的やしくみも忘れかけていないでしょうか。夏はエアコンや除湿器で室内の熱や湿気を除去すれば快適性は得られるでしょうが、24時間換気システムが稼働していれば別ですが、居間の窓を開けただけでは新鮮空気は室内に入らない可能性があるということを知っておいた方がよいでしょう。

■ どうすれば風の通り道がつくれるか

　通風は、冬を除き、室内にたまった熱や湿気を戸外に出すこと、居住者に涼感をもたらすこと、室内の汚染空気を外に出し新鮮空気を取り込むことなどの目的で行うものです。涼感はエアコンで得ればよい、湿気は除湿器に任せればよいと思うかもしれませんが、省エネルギーや温室効果ガスの排出削減を意識した生活に切り替え、気持ちよい自然風を感じるライフスタイルを目指してもよいのではないでしょうか。

　通風をうまく行うためには、自宅の敷地や住宅の特徴や季節ごとに吹く風の方向を知ることです。日本の多くの地域では夏に近づくと南寄りの風が吹いてきます。そこで、住宅の風上側（たとえば南側の居間）の窓を開けて風の入口を確保し、風下側に近い場所（たとえば北側の部屋）にある窓を開けて出口を作ります。次に、入口と出口の間の風の道がふさがっていないかを点検してみてください。居間のドアにガラリ（通気孔）がなければ少し開けましょう。風になった気持ちで入口から出口にかけて室内をなぞればおのずと風の道が見えてくるでしょう。そうはいっても風はさまざまな方向に吹いています。可能ならば、風の出入口を複数設けて、複数の風の通り道を確保しておくと、家中に風を行き渡らせることができます。このとき、網戸や雨の吹き込み防止など出入口のケアも必要です。

　もちろん、現時点で風が入りにくい敷地や、住宅内部に風の通り道を確保できない場合は、換気設備などに頼ることも必要です。交通騒音や大気汚染、花粉や黄砂など、窓を開けたくても開けられない住宅もあるでしょう。都市化が進み、住まいの周辺環境が悪化していれば、春風や初夏の風を味わうこともできません。周辺環境や地域環境を良好に保つことと、住まいの環境を良好に保つことはほぼ同義と思って、水や緑が豊かで清涼な空気のまちづくりにも関心を向けるとよいでしょう。

引用・参考文献
1）日本建築学会：第2版コンパクト建築設計資料集成，丸善，p.99，2003
2）厚生労働省：「換気の悪い密閉空間」を改善するための換気の方法
　　https://www.mhlw.go.jp/content/10900000/000618969.pdf（2022.6.30作成版）

（4）熱風を取り入れる？

■ どんな涼み方をしていますか

前節「（3）風は通る？ 通せない？」では、窓を開けても風が入らない住まいの特徴に触れましたが、都市郊外や地方の豊かな環境のもとでは、まだ風通しのよい住まいも多いはずです。高齢の方は、子どもの頃からの習慣で、夏もエアコンよりは通風の方がよいと思って実践されている方も少なくありません。

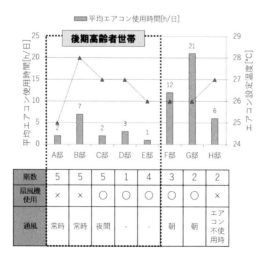

	A邸	B邸	C邸	D邸	E邸	F邸	G邸	H邸
階数	5	5	5	1	4	3	2	2
扇風機使用	×	×	○	○	○	○	○	×
通風	常時	常時	夜間	-	-	朝	朝	エアコン不使用時

図 I-1.2 高齢世帯とそれ以外の世帯の夏の涼み方の違い

　図Ⅰ-1.2 は、関東の都市郊外にある 50 年以上経過した集合住宅団地において、夏の涼み方についてアンケート調査（2017 年）をした結果です。竣工当初から住む高齢居住者は、それ以外の世代の居住者よりも通風を行う頻度が高いだけでなく、エアコンの使用時間が極端に少ないことがわかります。当時の団地は敷地が広く隣棟間隔も十分に取られていたので、南北の窓を開ければ風通しのよい立地と間取りの住まいです。ライフスタイルは住まいと共に長年かけて培われるもので、簡単に変えられるものではないのでしょう。

■ それは危険な熱風かもしれません

　ところが、**図Ⅰ-1.3** を見てもわかるように、猛暑日の日数は 50 年前に比べると確実に増えています。平均気温もこの 50 年で 1 度近く上昇し、都市化によるヒートアイランドや地球規模の温暖化の影響が出始めています[1]。つまり、暑い夏に窓を開けた方が開放的で気持ちよいという固定観念や習慣から、夏のどんな時も窓を開けていると湿度の高い熱風を室内に取り込んでいる可能性があります。熱中症の発症数の約 4 割が室内で起こることを考えると、発症リスクの高い行為といえるでしょう。発汗能、口渇感、体温調節機能が低下する高齢世帯であれば、なおさら真夏の通風には注意が必要になります。夜間にエアコンを使用する世帯においても、日中に通風することで住宅が内部から温められ建物自身に蓄熱することで、夜間にエアコンをかけてもなかなか冷えない現象が起きているかもしれません。

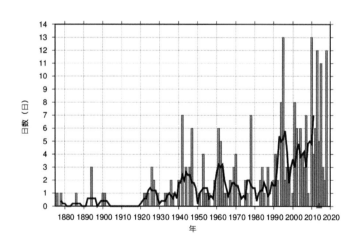

図Ⅰ-1.3　東京における猛暑日の増加傾向（東京管区気象台ホームページより）

■ 風を通すタイミング

　日中に 30 ℃を超えるような真夏日で湿度も高い日は、通風をせず、窓をあえて閉めてエアコンや扇風機で涼むという、新しいライフスタイルが必要な時代に入っています。居住者が高

齢であればとくに、真夏は感覚だけに頼らず、室内に温湿度計を置いて確認する、天気予報（熱中症予報）や軒下に吊るした温度計で外気温を確認するなど、風を通すか否か、一呼吸おいて考えてから涼み方を決めるとよいでしょう。外気温が高く日中は窓を開けない日も、夜になり室温並みに外気温が低下してから夕涼みをすればよいでしょう。また、夜間は防犯上の問題がなければ、夜の通風または換気をして室内にたまった熱を戸外へ追い出しておくことも重要です。これをナイトパージ（夜間換気）と呼んでいます。前節「風は通る？ 通せない？（pp.9 ～ 11)」で述べたような、風通しが元々悪い住宅では、風の出口になる窓際で屋外に向かって扇風機をつけることで、強制的に風の流れを作り、ナイトパージを行うこともできます。風が吹き込まない敷地であれば、四方の開けられる窓は開放して、トイレや浴室の換気扇を風の出口とみなして、室内の暖かい空気を強制的に排気する方法をとってもよいでしょう。大切なのは、いつ風を通すかというタイミングです。

引用・参考文献
1）気象庁ホームページ「ヒートアイランド現象」:https://www.data.jma.go.jp/cpdinfo/temp/an_jpn.html（2020.1）

（5）カビの発生

　戸建住宅の場合、1階に床下収納が設置されているケースをよく見かけますが、床下の空間自体を覗いたことはあるでしょうか。床下の造りや立地、住まい方などによっては、この床下の空間が非常にジメジメと湿気が充満している場合があります。ひどいときには水滴だらけでカビが生えていることもあり、放置しておくと柱の足元を傷める原因にもなり、建物自体の耐久性にも影響が出てきます。普段はなかなか目にすることの少ない床下ですが、ここでは、どのような場合にジメジメになりやすいのか、事例とともに紹介していきたいと思います。

■ なぜ床下がジメジメになるのか

　床下には常に外の空気が流れているので、雨の日や梅雨の季節以外はジメジメしていないだろうと考えている人も多いかもしれません。ところが、一般的に1年を通して最も床下の湿度が高くなるのは、真夏、とくに梅雨明け直後であることがわかっています。

　床下の造りは大きくわけて2種類あります。一般的に多くの戸建住宅で採用されているのは、外周の基礎パッキンの通気孔や床下換気口から外気を流通させ、断熱材が床材の裏に取り付けられている「床断熱工法」です。この場合、床下は屋外の環境に左右されるので、空気が乾燥している冬よりも、湿気の多い夏の方が床下の湿度は高くなることになります。加えて、1年中日差しが当たることのない床下のコンクリートや地面は、蓄熱性が高いこともあって、その表面の温度変化は非常に緩やかで、冬は外気よりも高く、夏は逆に外気よりも低く

推移しています。したがって、その表面温度が低いときに湿気の多い空気が流れ込むタイミングが、最もジメジメして結露しやすい状況になります。これが梅雨明け直後です。そしてその後、夏の気温が高い日が続くと、床下のコンクリート表面や地表の温度も上がってくるので、結露のリスクは徐々に低下していくことになります。

■ 床下結露の事例

　写真I-1.5は、8月初旬に撮影された、福岡県内にある床断熱工法住宅の床下の写真です。床材裏に取り付けられている断熱材下のボード表面にはびっしりと水滴が付き、基礎コンクリートの立ち上がり部分も濡れている様子がわかります。この住宅の場合、床材裏の断熱材厚さが200mmと非常に厚いために室内の熱がほとんど床下には伝わらず、常に温度が低い状態の床下空間に梅雨明けの高湿の外気が流れ込んで結露が発生したものと考えられます。このようなケースの対応策として、まずは、床下に十分な換気ができる換気口や基礎パッキンの通気面積が確保されているか、埃などで詰まっていないか、業者に確認してもらうことです。とくに問題ない場合は、周囲の湿気環境や風環境が影響していることが考えられますので、床下に換気扇を設置して結露リスクの高い夏期を中心に換気量を増やし、基礎コンクリートの表面温度を高めて結露を防止する方法などがあります。ベタ基礎でなく布基礎で地面がむき出しになっている場合は、その地盤自体が水分を多く含んでいることもありますので、そのときは地盤の防湿化の工事などを検討した方がよいかもしれません。

　床下の防湿対策としては、調湿材を撒く方法もあります。調湿材は、高湿化したときに湿気を吸収し、乾燥したときに湿気を放出するというものです。一定の効果はありますが、調湿材の能力は無限ではなく、根本的な対策ができていないと調湿材の吸収能力で対処できないケースも考えられますので、高湿化の状況の見極めが重要といえます。

　もう一つの床下の造りは「基礎断熱工法」といって、ベタ基礎の外周の部分に断熱材を取

写真I-1.5　床下結露の様子（北九州市立大学福田研究室提供）（口絵参照）

り付けて、床下の空間は外気から遮断して密閉する工法です。この場合、床下は室内と同様の扱いになるので床材の裏には断熱材は取り付けません。床断熱工法に比べると少数派ですが、空気集熱式のソーラーシステムを導入する場合はほぼ必ず採用されています。こちらの工法は、集熱した空気を循環させていない場合でも外気の影響を受けないのでジメジメになりにくい傾向にはありますが、竣工後数年間はコンクリートから出てくる水分がこもりやすいので、とくに夏期には気をつける必要があります。

　また、この基礎断熱工法の建物では、床の各所にスリットを設けて室内と空気を循環させているケースもあります。この場合は室内の温湿度環境をある程度快適に保っていれば床下も高湿度となる危険性は低いのですが、真夏でもエアコンを利用せずに過ごすようなライフスタイルの住宅の場合は、室内から床下へ湿気が流れ込んで床下の湿度が高くなることがわかっているので、エアコンが苦手な人は注意した方がよいかもしれません。

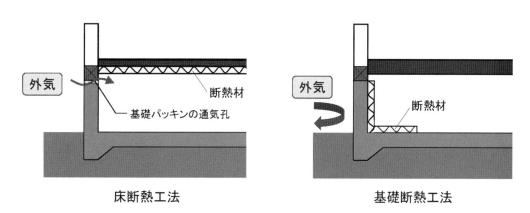

図Ｉ-1.4　床断熱工法と基礎断熱工法の違い

（6） エアコンの効きが悪い

■ うすうす気がついてはいるけれど・・・

　新築の住宅で、うすうす気になりながらも、最初からは検討されない（・・・・）のがエアコンではないかと思います。まずは、無垢の大きなテーブルをここに置いて、椅子はデザイナーズチェアにしようか、収納は多い方がよいなどなど（ここ辺りは一番楽しい作業？）。

　とくに、収納家具は、たいてい壁面に沿わせて置きます。そうするとあっという間に壁面がうまります。人気テレビ番組のリフォームの様子をみても、開放的にしましょうということで、既存の壁が撤去されている映像もよく拝見します。現代の住まいでは、地震に対する構造的な要素としての壁以外では、開放性の視点で壁を‘トル’けど実は壁は‘イル’という、その間で揺れ動きながら計画しているように思います。

■ やっぱり‘エアコン無し’は勇気がいる

　さて、エアコンの設置はどうなった？　もちろん忘れてはいません。エアコンのこと、気になって悩んだままここまで来ています。

　この本を手にとられた方は、できるだけ設備をつかわないパッシブデザインの思想には多少なりとも関心があろうかと思います。他のページでもさまざまな工夫が紹介されていて、興味は尽きません。しかし、過密な市街地において、エアコンを一切設置せず、パッシブな住

まいづくりに踏み切る勇気のある人（建て主＆設計者）には、いまだ出会ったことはありません。そのくらいエアコンは欠かせない存在なのに、やはりインテリアとしてオシャレな雰囲気はなかなか感じられないことも少なくないですから、そこをなんとかしたいわけです（ここでフォローしておくと、エアコン自体は工業製品として機能を反映し、考え抜かれた無駄のないデザインなのだと思います）。

■ エアコンの位置は消去法！？

　「異常に暑い2階（p.2）」で、住宅Aの空間について少し説明しましたが、白い漆喰仕上げの壁やアールのついた天井で囲まれた空間は落ち着いたいい感じで、この雰囲気のままでいきたい建て主と設計者はどう決心するでしょうか。エアコンを設置できる面は住宅Aでは3か所あります。バルコニーに面した掃き出し窓上部か、掃き出し窓の左側の壁の収納の上か、反対にある右側の壁のテレビ台の上のどちらかになります。この住宅Aは、南面に正対せず45度振られた配置になっています。

　この3か所で温熱環境条件を考えた時にどこが効果的なエアコンの設置なのか？夏の場合は西日対策が必要だから、それから・・・・などと中途半端な温熱環境に関わる知識が邪魔をして混乱させてきます。あげくのはてに、この部屋の条件では3か所のどこも一長一短で優先順位は無いかな？という自己暗示にかかり始め、室外機をどこに置くかも同時に悩まされます。結局は、どちらかというと、収納家具やテレビ、ダイニングテーブルなどの使い方が優先的な項目となって、エアコンの位置を最後に決めることになります。規模的に余裕がなければ、ダイニングテーブルやソファのレイアウトはキッチンとの関係で何通りものバリエーションがなく、設置場所は限られることになります。

■ スリットの隙間から後ろめたさが見える

　ある場所にしかエアコンが設置できないのであれば、その存在が空間のイメージを崩さないようにするしかありません。一例として木製のスリットを設けてエアコンの存在を消すとします。収納家具をつくってくれる建具屋さんとも入念な打ち合わせをしながらこう思っています。「でもこれじゃぁ、吹き出し口からも冷気が出にくいだろうな・・・」と後ろめたさを持ちながら、それをかき消すように「これで雰囲気は壊さずに済みそうだ」と言い訳をかぶせることになります。

■ エアコンとスリットは、江戸っ子と蕎麦

　かくして建具屋さんのつくってくれた美しいスリットに満足し、夏までの短いひとときを平穏無事に過ごします。そしていよいよ本格的な夏の到来です。

　　1年目：きれいな空間が前面に出て、通風も確保されエアコンもほぼ使うことなく暑さは気
　　　　　　になりません。

　２年目：暑い気もするけれども、前年のイメージが残っており、少々の気合で乗切ります。

　３年目：暑い気がする、いや暑い。エアコン効かない。まだ気合で乗切れます。

　４年目：暑い。エアコン効かない。自分に正直になろう。・・・スリット外そう。

　５年目：エアコンが姿を現し、通常運転。

　やせ我慢のこんな話を思い出します。落語で聞いた江戸っ子の蕎麦の粋な食べ方は、蕎麦の先にほんの少しだけつゆを付けて口に運ぶ。こうしないと蕎麦本来の香りや味がわからねぇ、、、。そして、この江戸っ子が最期に一言。

「死ぬ前に一度、つゆをたっぷりつけて蕎麦を食べたかった・・・」

　エアコンについても、

「暑さで参る前に、スリット無しのエアコンで涼みたかった・・・」

　オシャレでカッコよくあり続けるにはやせ我慢がつきものなのかもしれません。

■ わかっちゃいるけどやめられない！？

　一度は失敗して納得したうえでエアコンを使うという、回りくどい道のりは必要悪かもしれません。とくに新築の場合は、エアコンをそのまま設置するとエアコンによる快適な温熱環境は確保できますが、「美しくない」となり、幾ばくかの不満を抱えながら過ごすことになります。これはこれで居住者にはストレスです。はじめに見た目の美しさを優先して、たとえば前述のようなスリットでエアコン周りをデザインしてみる。しかし、温熱的には十分ではないことを身を持って知り、エアコンの露出に対して寛容になるというプロセスを経ることも致し方ないかもしれません。外したスリットはどこかで再利用できることまで考えてあれば隙がない計画です。

　もちろん、視覚的に美しいこと、温熱的に快適であることが同時に実現することを願ってⅡ章以降にバトンタッチします。

　読者の皆さんはこの本をよく読んで、住みこなし術を身につけて頂きたいと思います。

2 - 冬

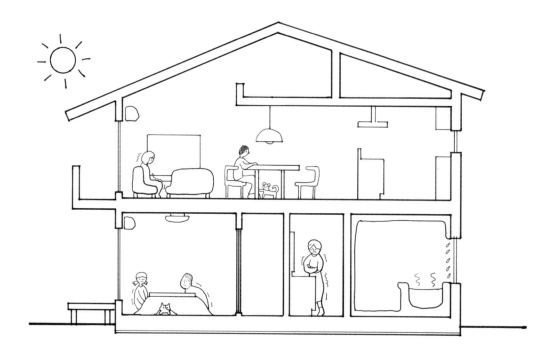

（1）コタツから離れられない

■ 冬の思い出

　子どものころ冬になると「コタツを背負って学校に行くつもりか」とよく親に怒られていました。しぶしぶコタツから出た後も、石油ファンヒーターの前でやはり身動きできず、亀の甲羅

のように丸ごとファンヒーターを背負いたいと願ったものです。東北の実家では、ファンヒーターの目の前、コタツの中など、暖かさの感じ方は点的で、室内の行動半径も極めて狭くなりがちでした。その後、札幌へ移り、初めて迎えた冬、部屋が暖かすぎてビックリしたことをよく覚えています。屋外が0℃の日は「今日は暖かいね」などと言葉を交わすぐらい冬は寒かったわけですが、室内はどの家でも薄着で過ごせる暖かさで、全方位的に暖かいという印象がありました。東北で感じていた背中がぞくぞくする寒さというのは、札幌ではほとんどなかったように記憶しています。

■ 低断熱であるということ

この違いは何かというと、部分暖房と全館暖房という暖房の仕方の違いだけでなく、札幌では外皮（外壁や床、屋根など）の断熱性の高さが、全方位的な暖かさを生み出していたといえるでしょう。東北の住宅の場合、近年建てられた住宅は別として、外皮の断熱化は極めて遅れていました。外壁や窓は外気ほど低くないまでもかなり冷え切っていたはずです。コタツに入るときも綿入れ半纏を着こまなければ、窓側に向けた背中が冷える感覚は常でした。p.30の（**図I-2.2**）グラフにおいて、福井の住宅の居間の最低気温が10℃を切っている様子から、北陸に位置する福井においても東北と同じように住宅の断熱性は低かったことが想像されます。

では、低断熱と背中のぞくぞくにはどのような関係があるのでしょうか。**図I-2.1**は、住宅の外壁が無断熱だった場合（左）と断熱材が入っている場合（右）の、屋外から室内にかけての各断面の温度を示しています。いずれも屋外の気温は−5℃、室内は20℃として設定されています。両者の大きな違いは何かというと、室内側の壁の表面温度です。無断熱では9.7℃、断熱材ありの場合は18.4℃ですので、10℃近く温度に開きがあります。私達の体感温度は室温だけでなく、人を取り囲む壁や窓、床などの表面温度の影響も強く受けています。冷たい表面は触っていなくても放射によって私達から熱が奪われますので、室温が適度でも表面温度が低い壁や窓に近い身体の背面がぞくぞくと寒く感じるわけです。夏であればひんやりした涼しさは歓迎されますが、冬は避けたい寒さの感覚です。また、この冷えた壁や窓の表面では、室内の暖かい空気も冷やされ、コールドドラフトと呼ばれる冷たい空気の下降流が発生します。この冷たい気流感も窓際ではなくヒーターの目の前に座りたかった理由になっていたかもしれません。もちろん、部分暖房ですので居間の隣室にあたる台所や廊下も冷え切っているため、内壁の表面温度も室温ほど高くならないのが一般的です。

■ 活動範囲を広げるために

温暖地域といわれる関東の住宅でも、冬の室内は寒いのがあたりまえ、脱衣所や浴室はなおさらという固定観念があるように思います。ヒートショックももちろん重大な問題ですが、室内における行動が制限されるのも残念でなりません。

　図I-2.1 に示した壁の表面温度が示すように、外壁や窓など外皮の断熱性を高めることで室内側の壁や床の表面温度は室温相当に高まるので、体感温度は上昇し、ぞくぞくした感覚からポカポカした感覚に変わるでしょう。コタツやヒーターから離れられない生活からは解放されるはずです。もちろん、暖房効率も高まり、暖房時間も減るので省エネルギー・省コストにもつながります。ただし、既存の住宅の断熱改修には多くの費用がかかります。窓をペアガラスに変えるだけでも暖かさの感覚や暖房の効きは実感できます。第Ⅱ部では、さらに簡易に居間の体感温度を高めるための工夫も紹介したいと思います。

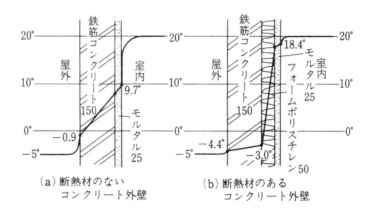

図 I-2.1　断熱材の有無と室内の壁表面の温度[1]

引用・参考文献

1）梅干野晃：住まいの環境学，放送大学教育振興会，p.195，1995

（2）1階の底冷え　〜もしかしたら断熱材が落ちているかも？

　ある程度の築年数が経過した住宅では、冬の寒さに悩まされている方も少なくないと思います。中でも1階の床が冷たく底冷えするケースは多いと思いますが、そんな場合は一度床下を覗いてみた方がよいかもしれません。

　在来住宅に多く見られるのが、床断熱工法といって、床材の裏に断熱材を取り付けて断熱し、床下の空間は換気口で外気とつなげる工法です。この場合、床下の温度は外気温度とほぼ同じになるため、床材裏の断熱材の効き具合が1階の環境に大きく影響しますが、実はこの床材裏の断熱材は、壁内の断熱材以上に重力の影響を受けやすいため、剥がれなどがないか注意が必要です。

■ 床材裏の断熱材が剥がれ落ちている例

　写真I-2.1は、築40年を超える住宅の床下を覗いたときの写真です。断熱材の袋は破れてボロボロになり、断熱材自体も垂れ下ったり地面に落ちたりしていました。この状態では、当然断熱材は無いのと同じですので、床下の温度がそのまま床材に伝わってきますし、床材の隙間から冷気も入ってきてしまいます。また、ここまでひどくなくても、断熱材が自重で垂れ下ってきて床材との間に隙間ができると、床材の裏側が冷えて結露が発生してカビや劣化を早める原因にもなります。もちろん、古い住宅ではもともと断熱材自体が施工されていない場合もあります。1階が底冷えする場合、まずは点検口から床下の状態を確認してみましょう。

写真Ⅰ-2.1　床材裏の断熱材が剥がれ落ちている様子（口絵参照）

■ 基礎断熱工法

　床断熱工法の他に、「床下結露の事例（p.16）」のところでも説明した、近年増えてきている基礎断熱工法があります。これは、床下の空間をコンクリートで囲んで外気を遮断するタイプです。この場合、床下は室内と同じ扱いとなるので、床材の裏に断熱材は貼らず、四周のコンクリート（基礎部分）にのみ断熱材を施工します。基礎断熱工法の場合は断熱材が垂れ下る心配はなく、外気の流入もないので床下の温度が極端に下がることはないため底冷えすることもほとんどありません。底冷えする1階床まわりのリフォームを検討する場合は、基礎断熱にリフォームするという選択肢もあります。「床下結露の事例（p.16）」の項も参考にしてみてください。

column コラム

床暖房を入れて暖めるのはそこじゃない！

人が過ごす空間に床暖房を入れますが、どうしたら良いでしょうか？
まず、人が集まることについてのお話に少しお付き合いください。

●人の集まる空間をつくるのは難しい

　人が自然に集まる空間というのはどういうものか、学生寮のラウンジや子どもたちの
あそび場を調べたことがあります。

　実は人が集まる空間をつくるのは諸々の条件が整う必要があり、大変難しいという
事がわかりました。

●使われない空間はありませんか

　一般に日本の住まいは面積的に恵まれていません。設計者も苦労を重ねながら建て
主の要望を反映させたり、新たな提案をします。狭い面積の条件で「数センチ」が一喜
一憂を左右する場面があります。平たく言えば、無駄のない空間を作ることといえます。
自己満足ではなく、居住者がその住まいを隅から隅まで使いこなすことは、設計者冥
利につきます。しかし、残念ながら現実はそうでもありません。動作をする際に思うよ
うに動くことができない空間は利便性の点からも論外ですが、一定の大きさを持たせて

も、使いこなしが難しいケースがあります。

　たとえば、和室です。みなさんも思い当たる節があるのではないでしょうか。建て主の希望であったとしても、物置になってしまっている、そんな状況が散見されます。これではせっかくの和室も浮かばれません。

　和室に限らず、まったく使われない部屋があることは残念です。やはり平面計画と同時に断面計画の見直しが必要かもしれません。

●住まいの中で人を集めた魔法のアイテム？

　昔は暖炉や囲炉裏の暖かさに人が集まってきました。パチパチと音を立てて燃える火を見ながらお茶を飲んだり、話したり、各自が好きなことをする場所でした。こういう場面は映画でも出てくるのでイメージしやすいですね。

　それから暖房機器が発展するなど、暖炉や囲炉裏が見られなくなってからは人を集めるアイテムは何でしょう？　そう、各家庭でテレビが人を集めるアイテムになりました。しかし、それもテレビが各部屋にも置かれるようになると、チャンネル争いもなくなり、人を集める役割は薄くなりました。

　以降は住宅において、人を集める強力なモノは未だに無いように思います。将来そういうモノが出現したら、大きな革命的出来事になるのではないかと期待しています。ただ、まったくないわけではありません。先ほどの暖炉や囲炉裏を思い出してみると、冬の寒いときに暖かさを求めて集まってくる根本は、現在も変わりません。それは「床暖房」ではないかとにらんでいます。（クーラーではダメなのです。人が集まると温度が上昇し、効果が落ちます。暖房は人が集まるほど温熱的にはプラスの方向になりますから）

● LDK の位置と床暖房

　使われない部屋と暖かさを求めて集まることにはある傾向があります。

　家族が集まる空間としてリビングとダイニングとキッチン（LDK）は、一連の生活行動として隣接しています。食事やくつろぐために常に人が集まります。このように住まいにおける LDK の位置の重要性は皆さんもご存じの通りですが、温熱環境の視点を加えると平面計画以上に断面計画を疎かにできないことに気がつきます。

　住宅が密集する地域で３階建ての小さな住宅を計画するとしましょう。実際は複雑な条件が個々にありますが、本コラムでは思い切ってそれを一旦脇に置きます。スキップフロアは考えずフラットで、日当たりは３階は良好、２階はまあまあ、１階は期待できないという条件にしておきます。小さな住宅なので LDK は１フロア全てに割り当てます。また床暖房の設置する予算は１フロア分しかないとします。

みなさんならば、3階建てのどこにLDK、床暖房の設置はどこにしますか？

まず、眺望もあり日当たりの良い3階にLDKという案があります。そして、床暖房はみんなが集まるLDKに設置しよう。もちろん、これは間違いではありません。ただ床暖房の予算は1フロア分しかないのにこれでOKでしょうか？

●寒い所には人は集まらない

住まいは居住者の側面、物的環境の側面、法律などの社会的側面を総合して計画しますが、限られた面積で豊かな空間をつくるためには、まず使われない空間をなるべくつくらないという方針もあると思います。「異常に暑い2階（p.2）」で住宅Aの気温データを紹介しましたが、最上階と下階では冬の気温差は10℃以上になる場合があります。とくに1階の寒さは、そこにある部屋に足が遠のくことになります。そのため、LDKの位置と床暖房の設置については、使われない空間と冬の寒さを思い出して、一度決定した案でもちゃぶ台をひっくり返す価値はあると思っています。これもなかなか勇気がいるものです。

●小さな家でも夏用と冬用と居場所を分けてみる

最後に冒頭で述べた子どもたちのあそび場について戻ります。皆さんもご周知のとおり、子どもたちがよくあそぶところと、まったく見向きもされないところがあります。その違いは何だと思いますか？

よくあそばれる公園は、広くて、遊具がたくさんあることなど予想通りですが、他に忘れてはいけないことがあります。あそび場は屋外にありますから、季節や天気の影響を直接受けます。夏は日影があり涼しいこと、冬は防風され日当たりがあり暖かいことが人気につながるのです。しかし、調査では夏も冬も条件を満たす公園はほとんど存在が確認できませんでした。こどもの外あそびにおいて、一つの公園でオールマイティはまず無理なのです。夏用のあそび場、冬用のあそび場と二つが連携してあそび空間が構築できることが良いのではないかという結論に至っています。

これは住宅にも当てはまります。最上階と1階では夏と冬の温熱環境は逆になります。夏の居場所、冬の居場所という役割を持たせた計画も‘住みこなし術’の一つに加えてほしいと願っています。住まいにおいて西山夘三先生は‘食寝分離’を提唱されました。恐れ多いですが、それに加えて100㎡弱程度の家ならば「夏冬分離」の住まい方も控えめに提案したいと思います。

（3）暖かい居間、寒い廊下

　冬の住まいで居間以外の場所、廊下やトイレ、浴室などは暖房をしていないのが普通です。暖房中の暖かい居間から部屋の外に出たいと思う人はあまりいないと思います。笑い話にありますが、居間の炬燵で家族団らんの時に「誰が（部屋の外の）ミカンを取りに行くか？」をジャンケンで決めた経験のある人も多いと思います。これは、暖房している居間とそれ以外の暖房していない空間に大きな「室間温度差」が生じていることによるものです。

■「室間温度差」がもたらすヒートショック

　図I-2.2 は、札幌と福井の住宅で、冬季の入浴前後での居間と脱衣所の室温の実測結果です[1]。札幌・福井それぞれ居間は暖房がされていて 19 〜 23 ℃ですが、福井の脱衣所は居間より平均で 6.5 ℃低く、家によっては外気温に近い状態です。一方、札幌の脱衣所は居間よりも 2.5 ℃低いぐらいで、家全体が保温されています。札幌と福井の「室間温度差」の差が生まれる原因は何と考えられるでしょうか。札幌の住宅の多くは、外壁や窓の断熱性（保温性）が高いので、脱衣所の室温は居間に近い室温になっているからです。一方、福井の住宅の多くは外壁や窓の断熱性は低く、一軒あたりの延床面積が札幌よりも大きいため、廊下やトイレ、浴室、脱衣所などは非暖房空間になっているからです。

　また、脱衣所や浴室では服を脱ぐので、福井では室温が低いために住まい手の身体に大きな熱負荷がかかると考えられます。**図I-2.3** は、入浴前後での居間と脱衣所の室間温度差に対する（収縮期の）血圧差を示したものです。居間と脱衣所の室間温度差が 6.5 ℃と大き

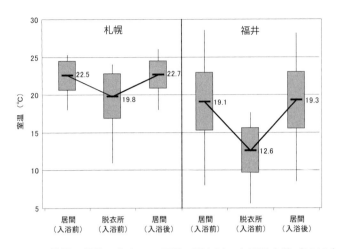

図 I-2.2 札幌・福井の住宅での居間・脱衣所の室間温度差（2010 年）

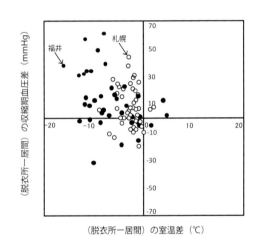

図 I-2.3 札幌・福井の住宅での居間・脱衣所の室間温度差と血圧変化

い福井：図中の●印は、2.5 ℃ の札幌：図中の○印に比べると室温低下による血圧の増加は、裸になった身体に対して、とくに高齢者にとって脳血管疾患、心疾患などのリスクをともないます。これが「ヒートショック」と呼ばれる症状で、冬に浴室や脱衣所、トイレでの死亡事故が多発する理由になっています。国の報告によると、国内でひと冬あたりに 1 万人以上がヒートショックで亡くなっているといわれています[2]。

■ 室間温度差をもたらす仕切り扉

　この室間温度差が生まれる根本の理由は、住宅の断熱性が低いことによって居間とそれ以外の空間を仕切る扉（襖など）の影響です。このような外壁や床、窓の断熱性が低い家で

写真 Ⅰ-2.2　断熱・気密化された玄関スペース（札幌）

は、仕切り扉がないと冷気が居間に入ってくるので扉を開け放って過ごす人はいません。その場合は非暖房室のトイレや脱衣所に補助暖房を入れることでヒートショックのリスクを軽減することができます。

　一方、住宅全体の断熱性が高ければ、この仕切り扉は開けたままで済みますし、扉自体を設ける必要がなくなります。最近の高断熱住宅は、暖房機1台で住宅全体の温もりが得られます。このような高断熱住宅で気をつけることは、玄関ドアと居室の間に必要以上に仕切り扉を設けないことです。建築の外壁、天井・床・窓の断熱性を高めることを最優先することが重要です。**写真 Ⅰ-2.2** は、札幌にある住宅の玄関スペースの外観と内観で、風除室や自転車置場などのスペースを取った例です。玄関ドアの断熱・気密性を高めることによって、寒冷地で外気温がマイナスになる北海道の冬季でも玄関スペースの室温は 15 ℃ 前後を確保できます。

参考文献

1）斉藤雅也・羽山広文・坂倉恵美子・釜澤由紀・斉藤みゆき・進藤ゆかり・原井美佳・斉藤美佳：札幌・福井における冬季入浴時の室温変化に伴なう高齢者の血圧変化の実態調査，日本建築学会技術報告集 第 17 号 第 36 号，pp.569-572，2011.6

2）厚生労働省：人口動態統計の「W65：浴槽内での溺死及び溺水」，「W66：浴槽への転落による溺死及び溺水」のデータに基づいて消費者庁が発表，2020.11

（4）室内に冷気流発生（コールドドラフト）

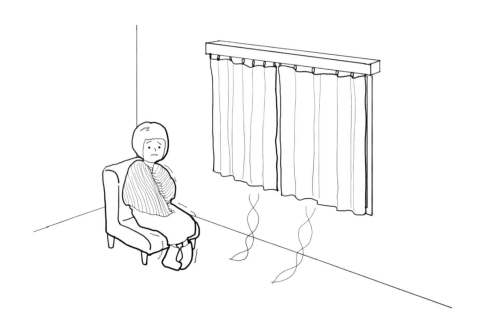

　冬の室内で暖房しているのに「寒さ」を感じることがあります。そんなときは多くの人は、エアコンやストーブの設定温度を高めに調整することが多いでしょう。設定温度を高くして幾分か暖かくなるのですが、足元は余計に寒くなることがあります。この足元の寒さの原因は、窓面で発生した冷気が室内床面に降りてくる現象で「コールドドラフト」と呼ばれています。

　「窓面で発生した冷気」といっても窓が開いたままで外の冷気が入ってくるのではありません。エアコンやストーブで暖められた空気なのです。室内で暖められた空気は温度が高くなると軽くなるので上に向かい天井面にぶつかります。天井面にぶつかった暖気は一方は窓面に、その他は壁面に向かいます。実は、空気は温度の低いところを見つけてそこに集まる特性があり、窓ガラス表面は他の壁面よりも外気の影響を強く受けていて温度が低くなっています。天井まで上昇した暖気の多くは窓面に向かいます。その後、窓ガラスの室内側表面で暖気は急冷され、温度が下がると空気は重たくなるので下降気流となって床面に向かいます。これがコールドドラフト発生時の室内空気の動きです。

■ コールドドラフトは，ガラスとカーテンの間で発生する

　住宅では夜にカーテン、オフィスでは日中でもブラインドを閉じることが多いと思います。そのようなとき天井面から窓面にむかう暖気は、窓ガラスとカーテン・ブラインドの間に入り込みます。ガラス面とカーテン・ブラインド面の間は「縦方向に長い狭小空間」になります。エアコンやヒーターの吹き出し口から出た暖気はこの狭小空間に入り、窓面からの冷放射によ

り急冷され、カーテン・ブラインドの下端からコールドドラフト（冷気流）として出てくるのです。この足元での「寒さ」が増します。カーテン・ブラインドはコールドドラフト発生装置、まさに上からの暖気を冷気に変えながら一気に下に落とす「熱のジェットコースター」を引き起こしているといえます。

■ カーテン下端を床面にまで伸ばす

　このような「熱のジェットコースター現象」を抑えるためには、どのような対応が求められるでしょうか。カーテンであれば、**写真Ⅰ-2.3**に示すようにカーテンの下端を床面に接するぐらいまで伸ばすとコールドドラフトはかなり抑えられます。カーテンの下端から出る空気を少なくするためには、窓ガラスとカーテン・ブラインドに上からや横から入り込む暖気の侵入を抑える必要があります。たとえば、カーテンの上端・左右から暖気がなるべく入らない工夫（たとえば、夜間はマジックテープでカーテンと壁を接着できるようにするなど）が効果的です。

　カーテン下端を床面に接するようにするためには量販店などで販売されているカーテン丈の長さ（床面より数cm高いサイズ）よりもやや長めに注文することが必要です。また、カーテンの素材も多様ですが、冬用カーテンであれば厚手で断熱性の高い商品を選ぶことが大切です。つまり、カーテンそのものが冷やされると、結果的にカーテンの室内側表面でコールドドラフトを発生させてしまうからです。

　冬の夜にマンションなどの集合住宅を外から眺めると室内での照明による光が漏れている家が多いことに気づきます。家によっては夜景を楽しんでいるのかもしれませんが、漏れ光があるということは室内の熱も外に漏れていることになります。夜の漏れ光がまったくないのは夜景の観点でみると寂しい話かもしれませんが、室内での熱的な快適性を高めるのであれば、厚手の断熱性・保温性の高いカーテンがおすすめです。

写真Ⅰ-2.3　カーテンの下端を床面に接するようにする

（5）結露水との闘い

　結露には、目に見える「表面結露」と、目に見えない「内部結露」があります。床下の結露については「コタツから離れられない（p.21）」でも触れましたが、ここでは、2つの結露の発生メカニズムと注意点について、事例とともに見ていきたいと思います。

■ 表面結露は「空気の流れ」と「暖房器具」に注意

　結露は、低い表面温度の部位に比較的湿った空気が触れることで発生します。何℃の表面に温湿度がどの程度の空気が触れると結露が起きるかは、湿り空気線図というグラフを見ればすぐにわかりますが、表面温度が低いほど結露は起きやすくなるので、冷え込みが厳しい冬の明け方などは最も危険な時間帯になります。

　結露の発生しやすい場所としては、表面温度が低くなりやすい、外壁に比べて断熱性能の低い窓ガラスやアルミサッシ、また外壁でも築年数が古く断熱性能の低い住宅外壁の室内側などは要注意です。表面温度が低くなるのを防ぐには、窓ガラスを二重（複層ガラス）にする、アルミサッシを樹脂サッシや木製サッシに替える、内窓を付ける、壁の断熱を強化する、などがあり、これらは根本的な改善につながりますが、どれも工事を伴う大がかりなリフォームになり、それなりに費用もかかります。本書は「住みこなし術」をお伝えするものですので、ここでは日々の暮らしで少しでも改善できる工夫や注意点に絞ってお話ししたいと思います。

　ポイントとなるのは、「空気の流れ」と「暖房器具」です。もちろん、窓ガラスの表面に断

熱シートを貼るといった簡易的な結露対策もありますが、窓ガラス、壁、床に限らず、結露しやすい部位について留意すべき点の一つが「空気の流れ」です。

壁際の収納棚を移動したらクロスにカビが生えていた、床に直接敷いていたマットレスの裏側にカビが生えていた、といった経験はないでしょうか？これらに共通することは、空気が流れない状況になっていて、長時間、湿気がこもったり結露していたりする状態が続いていた、ということです。空気に流れがあれば湿気はこもりにくく、結露も発生しにくくなるので、とくに外壁側に設置する収納棚の裏側には多少隙間を空けたり、定期的に換気したりして空気が流れるように注意しましょう。日当たりが悪い北側の部屋では、壁の表面温度も上がりにくいため、こういった傾向は強くなりがちなのでさらに注意が必要です。

もう一つのポイントは、「暖房器具」です。石油やガスのファンヒーターを使われていて結露に悩まれている方はおられませんでしょうか？主に寒冷地で使われているFF式と呼ばれる煙突付きの据え置き型ファンヒーターであれば問題ありませんが、開放式と呼ばれる小型で持ち運び可能なタイプのファンヒーターは、石油やガスの燃焼時に排気ガスと一緒に水蒸気も放出するため、加湿器などを使っていなくても室内は加湿されていきます。室内の湿気が増えれば結露する温度（露点温度といいます）も高くなるため、窓や壁の温度がそれほど低くなくても結露が発生しやすくなります。排気ガスによる空気の汚れを減らすためにも定期的な換気が必須です。

一方、エアコンや床暖房、電気ヒーターなどは、運転時にまったく水蒸気を放出しません。したがって結露防止という面では優れているのですが、良い点ばかりでもありません。日本の大半の地域では冬の屋外空気の湿気が少ないため、人体や台所・洗面所等からの生活時の湿気放出があったとしても室内の空気は乾燥しがちになります。冬期に推奨される湿度40％以上を保つためには、加湿器が必要になる場合も少なくありません。暖房器具の選定には好みもあると思いますが、その土地の気候や部屋の状況に合わせて選定することが重要です。

■ 内部結露は「施工不良」と「経年劣化」の確認から

外壁内の内部結露は、目に見えないため表面結露よりも厄介です。やはり部屋の湿度を上げすぎないことは対策として効果的ですが、とくに築年数の古い住宅では、何かの折にでも北側の外壁内部の断熱材がきちんと機能しているかどうかを確認した方がよいでしょう。住宅用断熱材として広く使われているグラスウールは、年数の経過とともに重力で下がってくることがあります。下がって隙間が空くと、そこは無断熱の空間となり、冷えた外壁の裏側が露出することになります。露出といっても室内からは仕上げのボードで見えません。見えなくても室内の湿った空気が壁内に流れ込むと、外壁の裏側の面で結露が発生します。この湿った空気が流れ込まないように、断熱材の表面には一般的に気密・防湿シートが隙間なく取り付けられるのですが、施工不良や経年劣化で隙間や破れがあると、空気はそこから流れ込

みます。

　写真 I-2.4（カラー口絵参照）は、東京都内の当時築約 30 年の公団団地の 1 住戸の室内を解体したときのものです。解体しているのは押入れの奥の壁で、黄色いのは断熱材のグラスウール、黒ずみはすべてカビです。黒ずみがある部分では、グラスウールが下がって隙間が見えているのがわかると思います。この建物では気密・防湿シートは取り付けられていませんでした。室内仕上げのボードを剥がしてまで内部を確認するタイミングは難しいかもしれませんが、断熱性能の低い、築年数が古い建物で、壁や床の表面にカビは見えないのにカビ臭い場合などには、内装のリフォームを検討する機会などに合わせて、とくに北側など日当たりの悪い外壁内部を確認してみることも必要です。

写真 I-2.4　壁内のグラスウールのカビ（口絵参照）

（6）換気問題

■ 給気口ってどれ？

　換気扇を回すと、室内から空気が排出されます。トイレからは臭気が、浴室からは水蒸気が、キッチンからは調理時の煙や水蒸気・臭いなどが排出されていきます。このように室内の汚い空気を換気扇で排出する換気の種類を第三種換気と呼びます。ところで、空気が流れるには必ず入口と出口が必要です。トイレやキッチンの換気扇が出口だとすると、きれいな外気を取り込む入口はどこにあるのでしょうか？

　多くの住宅では、「給気口」と呼ばれる外気の取り入れ口が各部屋の外壁や窓まわりに取り付けられています。写真のように、形状や取り付け位置にはさまざまなものがあります。多

丸型１　　　　　丸型２　　　　　角型　　　　　給気口付サッシ

写真Ⅰ-2.5　さまざまな形状の給気口

くの住宅でと書いたのは、近年増えつつある高断熱高気密住宅で、全館空調の熱交換換気システムを取り入れている住宅では、給排気口が熱交換器とともに天井裏に配置され、各部屋とはダクトによって接続されているため、各部屋の給気口は天井に取り付けられていることが多いためです。

■ トイレや浴室への空気の入口は?

外気の取り入れ口である給気口のことを前述しましたが、では、トイレや浴室など閉じられた部屋の換気扇を回しているとき、どこから空気が入ってきているのでしょうか?わかりやすく、トイレ・浴室のドアの下部にガラリ(グリル、通気用スリット)が付いている場合もありますが、目立たないようにデザインされているドアも増えてきています。

最近のトイレでは、アンダーカットと呼ばれる、ドアと床の隙間をやや広めにすることで給気口としているドアが多くみられます。浴室の場合は、水仕舞いが必要なためアンダーカットができない代わりに、縦枠や上枠に工夫をして隙間を作って給気口としているドアが出てきています。ドア下部のガラリだと入浴中に足元に冷気(洗面脱衣室からの空気)を感じやすいのですが、上枠の隙間が入口だと冷気を感じにくいというメリットもあります。いずれにしても、トイレ・浴室への空気の入口はドアまわりにありますので、一度探してみてください。

■ 24時間換気って、切ってもいいの?

24時間換気は、原則、常に作動させておく必要があります。1990年代後半から2000年代初頭にかけて、住宅の高気密化に伴い、建材や家具などから発生する化学物質やカビ・ダニなどによる室内空気の汚染が原因で健康に影響が出るシックハウス症候群が大きな社会問題となりました。これを受けて建築基準法が改正され、2003年7月からシックハウス対策が義務化されました。その主なものとしては、

- ・ホルムアルデヒドを発散する内装仕上げの面積の制限
- ・常時換気できる設備(24時間換気設備)の設置の義務づけ
- ・天井裏や床下、収納部材の内部の使用建材の制限と換気対策

になります。ホルムアルデヒドなどの揮発性有機化合物(VOC)は、内装制限等で建材からの放出が抑えられたとしても家具や日用品などからも放出されます。また、近年の住宅では一定以上の気密性能を有していて隙間風による自然換気はほとんど期待できないことから、24時間換気設備は切らないことが原則となっています。電気代としては大したことありませんので、旅行などで長期間家をあけるようなとき以外は、切らないようにしましょう。

■ マンションの玄関ドアが重い!

マンションの玄関ドアが重い! と思われている方はいませんでしょうか? ひょっとして、台所や浴室の換気扇を回しっぱなしにしていませんか? そして、給気口のお手入れをしたこと

がなかったりしないでしょうか？

　マンションのように気密性が高い建物では、第三種換気の換気扇を回しているとき、外気の入口となる給気口からちゃんと空気が入ってこないと、室内は負圧といって圧力が屋外よりも低い状態になります。この傾向は、台所や浴室など、家の中でもとくにパワーの大きい（＝風量の大きい）換気扇を回しているときはとくに顕著になります。臭いがこもるからなどの理由でこのような換気扇を回しっぱなしにする生活を続けていると、給気口のフィルターにもホコリがたまりやすくなり定期的な掃除が必要になりますが、何もしないとどんどんフィルターは目詰まりして外気を取り込みにくくなります。こうなると何が起こるかというと、さまざまな隙間から外気を取り込もうとするため、外開きの玄関ドアは、内側から引っ張られる形になり、開けるのが非常に重くなるという現象が起きます。

　解決方法は簡単です。まずは給気口を外してフィルターを確認してみましょう。おそらくホコリがびっしりと付いていると思います。これをきれいに掃除するかフィルターを交換すれば、外気はちゃんと入ってきます。ただ、もともと台所や浴室の換気扇は臭いや水蒸気を速やかに排出するためにパワーが大きく、常時回しっぱなしにすることを想定していません。とくに必要のないときは24時間換気だけにして、24時間換気以外にどうしても常時回したい場合はトイレなど風量の小さなものにすれば、玄関ドアが重くなることも防げるはずです。なお、常時回す換気扇の風量が大きくなれば、それだけ冷房時は暑い外気を、暖房時は冷えた外気をたくさん取り込むことになるので、快適性・省エネ性とのバランスを考えることも重要です。

（7）せっかくの床暖房、なぜ１階にしないの？ ～設置場所の選択ミス

　間取りのパターンは住まい手によって十人十色、住まい手が望むライフスタイルの数だけ展開されるものです。そのため、戸建て住宅の場合、リビングや寝室を２階に設け、１階はバスルームなど使用時間の短い部屋にするプランも珍しくありません。

　主要な居室を２階に配置するような間取りは少しも間違いではないのですが、暖房という視点でとらえたときに忘れてはならない原則があります。その原則を見逃した結果、寒い１階に悩まされている方もまた珍しくないようです。

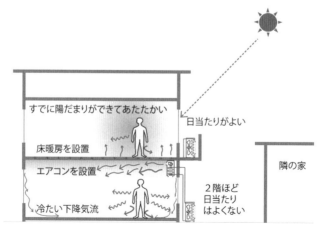

すでに陽だまりができてあたたかい

日当たりがよい

床暖房を設置

エアコンを設置

隣の家

冷たい下降気流

２階ほど日当たりはよくない

図 I-2.4　　　　１階にはエアコンを取り付けるという暖房計画

　ある方のお話しです。2階建ての住宅で、2階をメインに使う間取りのため、2階に床暖房を設置して、1階にはエアコンを取り付けるという暖房計画（図Ⅰ-2.4）を選択しました。寒冷地向きに良心的につくられた住宅であれば、外壁や床、天井、窓の断熱性が高いので、上下の温度差が小さく、足元の冷えは軽減されます。他方、寒冷地向きにつくられたわけでなければ、1階は2階と違って隣の家など、日差しを遮る障害物が多いために、2階ほどは日当たりがよくありません。だからこそエアコンをつけて暖房するわけですが、温まるのは頭ばかりで足元は一向に暖かくなりません。空気や水は温度が高いと軽く、逆に温度が低いと重くなります。エアコンからの暖気は足元には降りてこず、むしろ低温の窓で冷やされた冷気が足元に下降します。

　2階は晴れた日の昼間であれば、日差しがよく室内に入り込み、ひなたぼっこが楽しめます。夕方以降は暖房が必要になるわけですが、すでに昼間のうちに日差しで床があたためられ、室温も上がった後に暖房を開始するわけですので、床暖房のリクエストは1階ほど強くはありません。つまり、2階ではなく1階にこそ床暖房を設置するべきだったわけです。

　1階、2階ともにエアコンで暖房している家がかなり多いわけですから、今ひとつピンとこない話しかもしれません。ですが、床暖房を導入することが決定事項である場合、その効果を最大限活かせる条件で導入しなければ、住まい手が不満に思うことになって少しもおかしくありません。

　冷たい空気は足元への下降気流となる、1階は2階ほど日当たりがよくない、という二つの原則をよく認識していれば、避けられたミスということですので、しくじりから学んだ正しい暖房計画は、**図Ⅰ-2.6** のように床暖房なら1階にこそ実施となります。では、床暖房がどのようにして快適な暖房空間をつくっているかをみていきましょう。

　床暖房ではガスボイラーや灯油ボイラー、ヒートポンプによって加熱した温水を、蛇行し

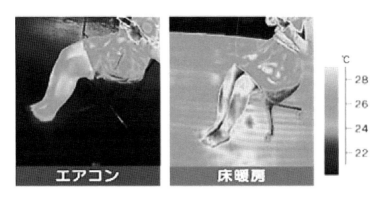

図Ⅰ-2.5　床暖房（右）とエアコン暖房（左）の足元温度分布の比較（口絵参照）
出典　東邦ガス（環境条件）入室1時間後　床暖房：室温22℃、床表面温度27℃／
エアコン：室温22℃、床表面温度22℃（赤外線放射カメラを使用）

た細管が埋め込まれた床暖房パネルに循環させることにより、床の表面温度を 24 ～ 28℃に維持します。足裏や座ったお尻から床への過剰な放熱を抑えることに加えて、エアコンだと天井付近で高く床近くで低い空気温の上下差が小さくなり、足元の冷えがなくなります。

　さらに、高温の床は遠赤外線を人体や壁に放って直接加熱するだけでなく、床によって加熱された空気がゆるやかな上昇気流をも生じさせますので、低温の窓でつくられた冷たい下降気流（コールドドラフト）を消し去ることも同時に行ってくれます。

　このような快適性の高い床暖房なら1階だけでなく2階にも導入したくなるのが普通ですが、設置する床の面積が増えればその分お金もかかってきます。そのため、戸建て住宅の全室に床暖房が導入されることはまれのようです。だからこそ、せっかく導入する床暖房の位置はよくよく検討してみる必要があるのです。

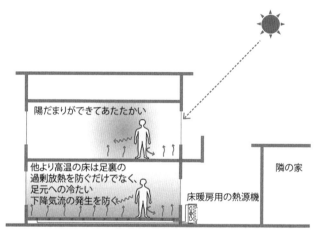

図 I-2.6　1階に床暖房を設置する暖房計画

3 – 季節との共生・人との共存

（1）季節の切り替えの失敗

　夏・冬に比べて過ごしやすいとされる春・秋ですが、秋の夜に涼しい風を部屋にいれて気持ちよく寝ていたら、夜中にとても寒くて風邪をひいてしまった。秋になったと思って西面の簾を取り外したが、強い日差しが入ってきて暑くなってしまったなどの失敗談があります。このように春・秋は夏・冬の余韻が残り、一日の寒暖差が大きいので、体調を崩しやすい季節と言われています。最近では、気候変動の影響で季節の境界が以前よりも明瞭でなくなったとも言われるようになりましたが、私たちには環境変化に対するちょっとした気づきと生活でのケアが必要です。ここでは一年を通して私たちのもつ「季節感」と春や秋での「住みこなし」について紹介します。

■ 季節・地域による日較差・年較差の違い

　最近の日本の夏は日中の外気温が35℃を超える日が多く、熱中症への注意が多方面で呼びかけられるようになりました。このような夏のピーク時は夜になっても気温が25℃以下にならない「熱帯夜」が続きますが、この時期の外気温の日変動の幅（日較差＝1日の最高気温と最低気温の差）はむしろ小さいことが特徴です。この傾向は冬も同じです。北海道の冬では日中の気温がプラスにならない「真冬日」が続くことがありますが、日較差が1〜2℃という日が珍しくありません。

　日較差が大きくなる季節は春・秋の昼、夜ともによく晴れた日です。図Ⅰ-3.1は、気象庁

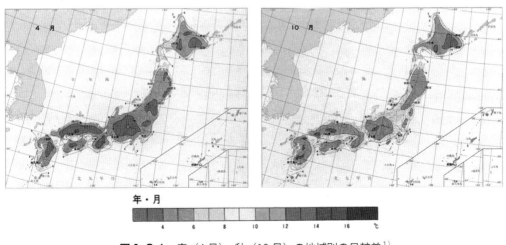

図Ⅰ-3.1　春（4月）・秋（10月）の地域別の日較差[1]

のアメダスで観測された外気温データから国土地理院が資料としてまとめた、日本全国の春（4月）と秋（10月）の日較差を示しています[1]。春（4月）は、日本列島の一部の沿岸部を除くほとんどのエリアが12〜16℃の日較差があります。秋（10月）は、内陸の山岳地、北海道・北東北・長野などの寒冷地で12℃以上の日較差があります。

　日較差が大きくなる理由は、よく晴れている（雲がかかっていない）ことです。4月や10月は地域によりますが、日本列島全体がよく晴れる季節です。日中、太陽からの日射を地表面が受けて気温が上昇し、夜になって天空からの冷放射を受けることで地表面が冷やされて気温が低下することによって気温も大きく変化します。一方、雲に覆われている（降雨・降雪がある）時は、太陽からの日射、天空（宇宙）からの冷放射を雲が遮るので気温の上昇・下降が抑えられる、つまり日較差は小さくなります。また、海沿いの平野部や風の強いところでは、内陸部に比べて日較差は小さく抑えられます。大地（土壌）は日射や冷放射によって熱や冷たさを溜めやすいのに対して、海（水）は温まる、或いは冷えるのに時間がかかることが影響します。風が強いところは大地が日射や冷放射を受けても風が吹くことでその影響が小さく抑えられるからです。

　年較差は1年を通じての最高・最低気温の差ですが、東京であれば冬は0℃、夏は35℃で年較差35℃（＝35−0）ですが、北海道の旭川では冬はマイナス20℃、夏は35℃まで上がりますので55℃（＝35−（−20））になります。年較差は季節のリズムを作り出す要素の一つと考えられますが、（夏・冬の）年較差が大きい地域で、（春・秋の）日較差の大きい時期の住みこなしは多様です。春・秋の夜、窓を開けたままで寝て、風邪をひかないようにすることは日常生活における配慮ですが、このような日較差、年較差などの気象データから読み取り、地域の環境情報を理解することは大切です。

■ **季節感と想像温度**

　私たちは五感を通して毎日、さまざまな周囲環境の変化を感じながら暮らしています。日差しや風、雨や雪、虫の鳴き声、草花のにおいなど多様な環境の構成要素があります。これらは季節や地域特有の感覚として得られます。

　図I-3.2は、札幌・熊本の大学生が想像する、それぞれ札幌・熊本の四季の始まりと終わりを調査した結果です[2]。春・夏は熊本が札幌よりも、秋・冬は札幌が熊本よりも2週間〜1ヶ月ほど早く始まっています。札幌・熊本の四季長を比べると、春と夏は20日間ほど熊本が札幌より長く、秋は10日間、冬は1ヶ月ほど札幌が熊本より長いです。

　季節感は「屋外の熱的刺激による影響を受けている」と仮定して、想像外気温（何℃ぐらいの外気温と想像するか？）と実際の平年外気温を比較しました。さらにそれぞれ札幌らしさ・熊本らしさを感じる時期を回答してもらいました。**図I-3.3**は、その結果です[3]。札幌・熊本とも外気温の想像値と実際値はかなり近いことがわかります。さらに興味深い点は、札幌・熊本ともに春（3月前半から6月前半にかけて）と秋（9月前半から11月前半にかけて）

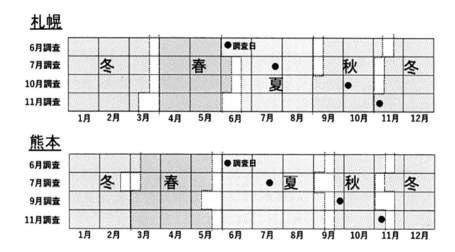

図 I-3.2　札幌・熊本の大学生が想像する四季の始まり・終わり

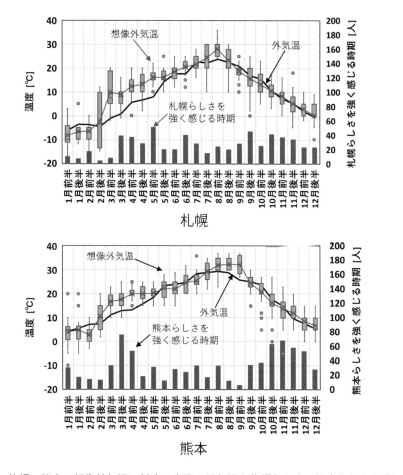

図 I-3.3　札幌・熊本の想像外気温に対する実際の外気温と札幌らしさ・熊本らしさを感じる時期

の想像値と実際値の差が他の季節よりも大きく（最大10℃）開きます。**図I-3.2**で示した、季節の始まり・終わりによる「季節の想像長さ」を見ると、札幌の6月は春・夏の間、10〜11月は秋・冬の間にあたり、熊本ではそれが5月、11月にあたります。この期間は、**図I-3.1**で示したように日較差が概ね大きい時期なので、想像外気温が実際の外気温より差が顕著に表れやすいと考えられます。

■ 熱環境想像力と住みこなし

　外気温と同様に、外気湿度（外気の相対湿度）について想像値と実際値を比較したところ，季節を問わず、両者には大きな差がありました。私たちは気温（外気温）に対する認識は強く持っているようですが、湿度に対する意識はあまり強くないようです。これは、天気予報において、外気温の情報（最高気温や最低気温なども含めて）が湿度よりも多く報道されていることが影響していると考えられます。ただし、冬の室内湿度が低いこと（乾燥）については敏感な人が多いです[3]。これは室内で乾燥をやわらげるために加湿器を使う機会に湿度表示を目にする機会が（他の季節よりも）多いことが影響しているかもしれません。

　図I-3.2に示したように、私たちは自らが暮らす地域の四季の長さを認識しています。これは外気温の認識度（実際値と想像値が概ね同じ）に基づくものと考えられます。つまり季節感は、地域特有の熱的な刺激、外気温の高低（≒想像外気温の高低）によって形成されていると言えそうです。冒頭で挙げた失敗談を回避するためには、春・秋の気温の変化だけなく、湿度、風向・風速などのその日の気象情報を頭に入れておくと、服装や窓の開閉、エアコンの運転方法など自らの手で調整できる可能性が高まります。これは「住みこなし」と呼ばれますが、現在、そして近い未来の熱環境がどのような状態に変化するかを認識・想像する力、「熱環境想像力」が大切だと言えます。

参考文献

1）国土交通省 国土地理院　審判日本国勢地図（1990年），国土地理院ウェブサイト　ナショナルアトラス閲覧サービス（https://www.gsi.go.jp/atlas/archive/j-atlas-d_2j_10.pdf）より引用（2022年7月1日アクセス），原本のカラー版を執筆者（斉藤）がモノクロ版に編集加工した
2）斉藤雅也・辻原万規彦：ヒトの想像温度と季節感の地域特性　その1．想像温度と季節感，日本建築学会大会学術講演会，pp.225-226，2019.9
3）斉藤雅也・辻原万規彦：ヒトの想像温度の形成プロセスに関する考察，日本建築学会大会学術講演会，選抜梗概，pp.269-272，2018.9

（2）誰の温度に合わせるか

■ とある家における日常

　ここでは一般論ではなくある一家（Ｊさん宅）の回想を紹介します。

　1970年代半ば頃から話を始めます。自宅における温熱にかかわる建築設備は夏は天井近くに設置したクーラー、冬は掘りコタツ＋セントラルヒーティングという仕様でした。現在、居住者の年齢もその分積み重ねられ、身体能力の変化、世間では設備機器も大きく変わりました。

　セントラルヒーティングは、メンテナンスが大変、さらにガス代が高額だったので導入して10年ほどで撤去しました。室内の熱源が大きくて場所を取り、点火ボタンも軽いものではなく、祖母に至っては体重をかけて気合を入れて（笑）ボタンを押していたような・・・

　子ども心ながらに「火をおこすのは楽じゃないな・・・」と思っていました。

　その後は、半密閉型のガス暖房に代わり、簡単に暖を取ることができるようになりました。近年は掘りコタツはそのままに、より手軽なエアコンの冷暖房機能を利用しています。

　ここからは小学生の時のエピソードで、ほとんど恨み節（笑）ですが、家族での温熱感覚の違いを表すものとして恥をしのんで紹介します。

　あの頃は、学校に通うときは季節関係なく半ズボンがあたりまえの雰囲気でした。

　しかし、我が家ではそれは許されず、冬に長ズボンを履いていくように父親に強要されていました。自分としてはそこまで寒くないし、何よりも学校にこの姿で行くことは目立ってしまい、それがたまらなく嫌で仕方がありませんでした。加えてトドメは体育の授業がある時です。教室で体操着に着替えますが、ジャージなんかはありません。それは中学校に入ってからです。話がそれました。トドメというのは長ズボンで登校していますから、ようやくクラスのみ

んなと同じ体操着姿になれるわけですが、衣装を重ね着した歌手以上に一瞬で早替えする必要がありました。それはどんな事情か？　あっちを想像した読者の皆様・・・それは違いますよ。正解は長ズボンだけでも大恥をかいているうえに、あえて当時の言葉でいうと‘ズボン下’をセットで履かされていたためです。ももひきとかステテコとかパッチとか言ったりもしますが、我が家では‘ズボン下も履け’以上！　回れ右！　みたいな感じです。そこまで寒くないのに・・・・。つまり、クラスのみんなにズボン下の存在を知られないようにズボンと同時に腰に手をかけて一気に脱いで体操着に早替えをしないことには今でいう炎上です。これがバレたらもう学校に行けないくらいの試練でしたね。環境工学的には clo 値（私的には苦労値）が周りよりも高かったと一言で済む話ですが。

　ただどうでしょうか、今は‘ズボン下’ではなくオシャレなネーミングでタイツだのレギンスだのになってまったく抵抗なくオープンなイメージになっていると思います。（小学生の事情はわかりませんが）。名前は本当に重要です。ここまでは小学生時代からの愚痴です。

　何がいいたいかというと、温熱感覚というよりも、もっと拡張して自然現象に対する感じ方が違う人間が自分の近くにいて、さらにそこに上下関係があったら、下のものは従う流れに乗るしかなく、逆らうことはできないわけです。そんなことくらい自分の意志で決めるべきだという声も聞こえてきそうですが、どう考えてもその場の空気では無理でしたね。

　個人差が大きい状態では、温熱要素や着衣量などによる快適指標から一歩踏み出す必要がありそうです。

■ 有効温度を超えた‘友好温度’へ

　Ｊさんは続けます。件の父親はその頃からの寒がりが継続・発展し、夏でも寒いと漏らします。着衣も平安時代の寝殿造に住んでいた貴族にならって重ね着はあたりまえです。着衣で解決しているうちは周囲の家族にはあまり迷惑はかかっていません。しかし、エアコンの切り替えを暖房にしそうになると広範囲に影響します。その場合は、私も強くなりましたので夏の暖房は許可しません。夜に蝉が鳴く暑苦しい時には、ピンポイントで対応です。そう、多少のハッタリと共に布団に入れた湯たんぽに後は任せるわけです（ちなみに冬は湯たんぽ二つになります）。このケースでは、着衣での調節と湯たんぽ併用で共存しています。

　以上Ｊさんの回想でした。他にも感覚の違いからくる涙なしでは語れないエピソードは多くありますが、暑さ寒さの感覚が違う人との共存は「彼方を立てれば此方が立たず」が根底にあります。建築的な解決は難しいので、小回りが利くモノが共存の必須のアイテムだと思います。また年功序列からは免れられない部分もありますが、「老いては子に従え」の精神で上下関係も柔軟に再構築し、思いやりを持って「明日は我が身」を忘れずに友好的な共存の環境づくりが大切ではないかと感じます。ヤグロー氏が有効温度を提案してから久しいですが、これからは老若男女問わず‘友好温度’の精神が日々の生活にもっと浸透することを期待しています。

Ⅱ

季節の住みこなし術
&
気づき・体験プログラム

0 - 住みこなし術と幸せな暮らしの創出

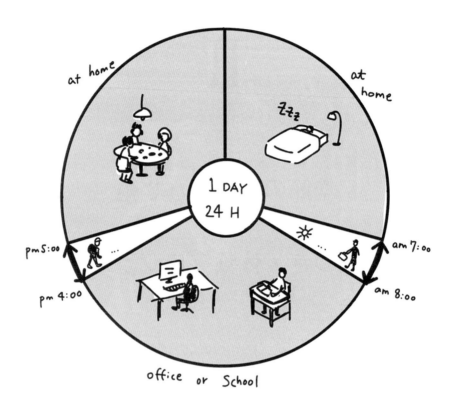

　朝に目を覚ましてから夜に就寝するまでの間、読者の皆さんはそれぞれのライフスタイルに
応じてさまざまな場所で仕事をしたり、休息したり、また趣味に興じたりしていることでしょ
う。こうした行動の内容がそれぞれ違っていても、誰にでも共通していることは、ある時は
屋内に、またある時には屋外におり、これら以外はほぼあり得ないことです。

　屋内と屋外にいる時間は一日のうちでどのような割合になるでしょうか、そのことをちょっと
考えてみましょう。大まかな話として、8時間の睡眠をとる場合、残りの16時間のうち何時間
を屋内で過ごすでしょう？　その答えは平均的に85%、睡眠時間を含めれば90%以上となり
ます。仮に人間の一生を100年とすると、起きている（意識ある）総時間のうち85年ものあ
いだ屋内にいるのです。眠っている（意識のない）総時間を含めれば、90年以上となります。
いずれにせよ、私たち人間は屋内、すなわち建物の中で長い時間を過ごしているわけです。

　したがって、住まいはもちろんのこと仕事場や学校などの建築内部に形成される人にとって
の環境ができるだけ不快でなくする術を知っておくことは、私たち一人ひとりの暮らしが幸せ
であるか否かに大いに関係しています。大げさに思えるかもしれませんが、建築環境を不快

でなくすることは、私たち一人ひとりが幸せな一生を送れるか否かに関わっているのです。

「快適に」ではなくてわざわざ「不快でなく」といったのは、すべての動物にとって行動の規範となるのは不快を避けることだからです。人間も動物の一種ですから、その例外ではありません。不快を避けるという基本を忘れてしまって、その代わりに快適を追い求め過ぎると、生存がむしろ危うくなることがあります。原発震災はその典型例です。不快でなくする。このいい方には動物としての人間にしかるべき行動規範が含意されています。

私たち人間は誰でも、暗い―明るい、寒い―温かい、暑い―涼しいといった知覚に基づいて、その場所（空間）が不快でないかどうかを絶えず判断しています。不快だと判断すれば、それぞれにとっての周囲環境が不快でない状態となるよう、居場所を変えたり、セーターを一枚羽織ったり、ジャケットを脱いだりします。これらの行動はすべて不快を避けるために行っているのです。

不快と判断したとき、それを取り除くための行動の選択肢は少ないのと多いのとではどちらがよいでしょうか。あれも可能、これも可能ということで、いろいろなことができる方がよさそうに思えますが、数多くの選択肢の中からどれを選択するかをいちいち判断しなくてはならないのでは面倒です。面倒なことを絶えずしなくてはならないのでは、そのこと自体が不快を引き起こす原因になるかもしれません。そう考えると、選択肢は少ない方がよさそうに思えてきます。選択肢を少なくして簡単にすることを指して、利便性を高めるとか時間を節約するといいます。建物内の照明や暖房・冷房・換気についていえば、その究極は、住まい手には一切の選択をさせず、すべてを機械・電気仕掛けに任せるということになるでしょうか。究極に近い建物内空間に居たら不快の一切が消滅して快適でしょうか。それではちょっと不安・・・そのようにも思えてきます。

私たちが現代社会であたりまえと思っている技術も、実のところ一昔前（たとえば30年前）ならまったくあたりまえではありませんでした。当時と今を比べると、技術が発達した分だけ今の方が選択肢は増えているように思えるかもしれませんが、必ずしもそうではありません。たとえば、窓の開け閉めを考えてみましょう。昔は建物の窓はその建物を使う人が必要に応じて開けたり閉めたりするのがあたりまえでした。現代では窓の開閉を住まい手にはさせない建物が多くなりました。都市域に立っている高層建築の多くがそうです。そういう建築内部に居て長い時間を過ごす人たちは、窓が開かないことがあたりまえと思うようにさえなってしまっています。電車やバスの窓はどうでしょう？　窓が開かないのは高層建築ばかりではありません。新幹線の車輌は、高速走行であるがゆえ開閉によるリスクと空気抵抗を減らし、気密性を高める固定窓が採用されているわけです。そうしておいた方が、暖房や冷房の効果は高められ、暖冷房装置の運転もしやすくなるということがあるでしょう。これはよい・・・というわけで、固定窓は、他の車輌でもあたりまえに使われるようになり、今では窓の開け閉めが乗客の自由に任されている電車はむしろ珍しくなってしまいました。バスでも窓の開閉不可のものが多くなりました。窓の開け閉めをいちいち考えないで済むのは面倒から解放されてよ

いのではないかと思える一方、いわば密室状態となり乗客に無意識のうちに不安感を覚えさせているのではないかとも考えられます。

　人間の心には、大きくわけて二つのレベルがあります。無意識のレベルにおける「情動」の働きと意識のレベルにおける「理性」の働きです。前者は、生命が危険に脅かされるか否かを常に判断しています。人間は、窓の開け閉めが不可能な建物内や電車内に居続けさせられると、無意識のうちに不安を感じ続けることになるでしょう。窓の開け閉めが住まい手の自由になる建物と、住まい手にはまったく自由がない建物とを比べると、前者の方がとくに冷房について不満が少なくなる傾向があり、また、住まい手は高めの設定温湿度を許容する傾向があります。窓が閉まっていても、必要に応じて自分で開けたり閉めたりができること、それが安心感を与えるのだと思われます。これは人間の心に内在する生き物としての基本的な性質が現われているからと考えられます。

　図II-0.1 は、人の感覚器官への光や熱・湿気などの入力から始まって「暗い―明るい」・「寒い―温かい」・「暑い―涼しい」などの知覚・認知、そしてさまざまな行動出力に至るまでのプロセスを一枚のダイアグラムとして描いたものです。人はその環境における光や熱・湿気・空気に生じる物理的な変化に応じて感覚器官が働き、体内におけるさまざまな生理的働きが総合された結果として意識（認識）が現れ、ひいては、窓を開ける・閉める、電灯のスイッチを入れる・切るなどの行動が生じます。何もしない・・・ということもありえますが、それもまた「何もしない」という行動の一つと考えられます。これら行動の結果、環境には何かの変化が現れ、感覚から行動へのプロセスは繰り返されていきます。すなわち、プロセスは循環していくのです。

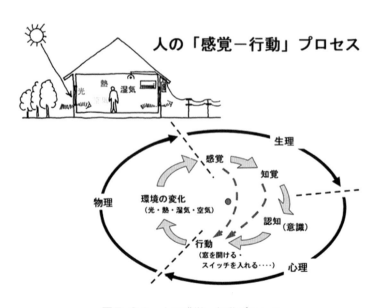

図II-0.1　人の感覚―行動プロセス

　図中に物理→生理→心理の楕円状に循環する矢印群があります。その中央には小さな丸が描いてあります。この小さな丸の中心を通って紙面に垂直な直線を引いて、これを時間軸と考えてみましょう。紙面の上側に未来方向とします。そうすると、感覚から行動への循環プロセスは螺旋状に、時間軸に巻き付くように進んでいくことがわかるでしょう。

　この螺旋は、住まい手に化石燃料を大量に使い続けさせるように進展していくことも、またその逆に化石燃料をあまり使わずにむしろ身近な自然にあるさまざまなポテンシャルを活用させるように進展していくことも可能です。あってしかるべき「住み熟し術」は、もちろん後者を無理なく実現させてくことです。それは人であれば必ず誰にでも共通していて、しかもそれぞれに固有の「幸せな暮らしの創出」になっていくからなのです。

1 – 夏の章

1.1　夏の上手な遮熱の仕方

（1）放射熱に気づく

　私たちの身体は、屋内であっても屋外であっても必ず「放射」に曝されています。放射は、光、あるいは電磁波とまったく同じ現象を指します。光という言葉で、私たちが思い浮かべるのは、たとえば、この文章を読むのに必要な私たちの目が感じる光のことでしょう。これを可視光といいます。可視光は実のところ、光（＝電磁波＝放射）全体のほんのわずかな部分でしかありません。光には波の性質があることは、電磁波という名が示している通りですが、私たちの目が感じることができるのは、電磁波のある一つの山から次の山（あるいは一つの谷から次の谷）までの長さ（波長）が 0.4 ～ 0.8 ミクロンである場合だけです。この波長範囲よりも短くてもまた長くても私たちの目は感じることができません。

　焼肉屋さんで鉄板を囲んでいる場合を想像してみましょう。鉄板に肉を載せて焼くわけですが、鉄板が十分に熱くなくては、言い換えると、鉄板の温度が十分に高くないと当然のことながら肉は焼けません。鉄板の熱さ（温度）を確かめるのに私たちは手のひらを鉄板上部に翳してみます。手のひらに火照りが感じられたら、肉を載せます。火照りを感じるのは私

たちの手のひらにある温・冷覚神経端末が鉄板を発した光（＝電磁波＝放射）を受けて刺激され、その感覚情報が脳に伝達されて熱さの知覚となって現れるからです。手のひらのかわりに顔を鉄板の上に翳（かざ）しても、もちろん熱さを感じますが、目も反応して鉄板が輝いて見えるなどということは起きません。それは鉄板を発する光は、その波長が3〜60ミクロンの間にあって、目を感じさせるような性質を持ってはいないからです。

キャンプファイヤー（焚き火）の場合はどうでしょうか。夜であれば、周囲が明るくなるでしょう。炎の中にある煤の微粒子群が高温になっていって可視光を放っているからです。炎は一瞬も留まることなく揺らぎ続けていますが、その全体には揺らぎが創り出す形があります。その正体は積み重ねられている焚き木の上方へと絶えず上昇している空気の中を踊り舞う煤の微粒子群にあります。これら微粒子群の一部が1000℃を超えるような高温になっていると、可視光を放つのです。炎を前にしていると、明るさも感じますが、焼肉屋さんの鉄板の場合と同様に火照りも感じます。ということは、焚き火から放たれている光の波長の範囲は鉄板の場合よりも広いのです。炎が出す光の波長は0.4〜60ミクロンの範囲にあります。

波長が0.4〜3ミクロンの間にある光を短波長放射、そのうちの0.4〜0.8ミクロンの範囲が可視光、残りの0.8〜3ミクロンを近赤外放射といいます。3〜60ミクロンの間にある光は遠赤外放射といいます。近赤外・遠赤外という名前は可視光のもっとも長い波長部分が私たちの目に赤色を感じさせることから来ています。近赤外放射は目が赤と感じる波長よりも長いけれども、赤の波長に近く、遠赤外放射は近赤外放射よりも波長が長くて赤の波長より遠いというわけです。遠赤外放射は長波長放射とも呼びます。長波長放射の波長範囲は3〜60ミクロン、短波長放射のそれは0.4〜3ミクロンで、両者は重なりません。

以上を踏まえて、夏の屋外や屋内で起きる光（＝電磁波＝放射）の現象と暑さや涼しさの知覚がどのように関係するか、そのおおよそのところを考えてみましょう。

夏の晴れた日の昼下がりに、街路樹がない車道脇の歩道を歩いていると想像してみて下さい。頭や顔・肩などに日差しがあたるだけで熱さを感じるので、日陰になっているところがあれば、できるだけ日陰のところを歩くでしょう。それでもやはり熱く感じます。焼肉屋さんの鉄板と同様のいわゆる火照りです。この原因は、日陰になる以前に歩道面やその周囲にある建物外表面に日射があたって吸収され、これらの面の温度が上昇し、高温が保たれてしまっていることにあります。そういうわけで、歩いている人の身体には前述した長波長放射があたり続けることになります。暑さの原因は、屋外空気の温湿度の高さにあると思われがちですが、実はそれは暑さの原因の半分だけであって、残りの半分の原因は空気よりも温度の高い路面などから出る長波長放射にあることを認識しておくことが重要です。

今度は、上記のような涼しいとは決していえない歩道をしばらく歩いた後に樹木の多い公園緑地に入ったと想像してみましょう。葉が豊かに生い茂った樹木群は歩道面に木陰をつくっています。そこを歩いていると、炎天下の歩道で知覚されたのとは違って火照りが感じられません。そのことに気づくと、もう一つ気づけることがあるはずです。それは、間断なく、し

かし、だからといって強さが一定一様というわけではない、絶えず揺らいでいる気流、すなわち身体の周囲を舐めるように通り抜けている風のことです。この風に心地よさが感じられると、思わず「涼しい」と表現したくなるはずです。このような気流をそよ風といいます。そよ風を体感できるためには、実のところ長波長放射がほどよく制御されている空間が必要なのです。

　涼しさは、空気の温湿度が低いことにそもそもの原因があるわけではないことに注意してください。身体を囲むさまざまな物体表面の平均温度があまり上がらないようになっていて長波長放射が抑えられていると、それら物体表面と私たちの身体の間にある空気が有している絶え間ない揺らぎが涼しさを醸し出してくれるのです。"焼け石に水"と言いますが、"焼け石に空気"ではたとえ空気に揺らぎが潜在しても涼しさは得られないというわけです。

　以上のような屋外空間で得られる涼しさは、室内空間でも工夫次第で得ることができます。考えなくてはならない基本的な現象は、室内でも屋外と同じです。まずは、日差しを上手に避けることです。日除けというと、窓ガラスの室内側に設けても室外側に設けても、明るさを調節するという目的だけを考えれば大同小異ですが、熱さを防げるか否かという点では決定的に違います。日除けは窓ガラスの室外側に設けなくてはならないのです。

　屋外側の日除けがあれば、涼しさを得るための工夫は難しくはなくなってきます。屋外側の日除けが設えられた窓を2か所以上開け放しておけるようにして、風が室内空間を通り抜けていけるようにして、その通り道上に住まい手が座り続けていたくなるような家具を配置すれば、涼しさの知覚を持続的に味わうことできるようになるでしょう。

　窓の開け放しが難しい屋外条件であっても、まずは窓ガラスの屋外側に日除けを設けておけば、室内の空気温湿度の設定を下げ過ぎずに済み、ほどよい気流と適度に低い温湿度の空気をエアコンから吹き出すだけで室内の環境をほどよい状態に保てるでしょう。その際は、壁の表面温度をできるだけ上がらないようにすることが肝要です。人の身体に優しく、しかも電力を浪費しないエアコンによる冷房は、屋外日除けの設え、そして室内壁面から出る熱さの原因となる長波長放射をほどよく抑えることで初めて実現可能となるのです。エアコン（空調）はラジコン（放射の調整、略して放調）があってこそというわけです。

（2）涼しさを創るための日差しの入り方を知る

　「涼しさ」は、わが国の夏特有の感覚です。伝統的な茅葺屋根の住まいでは屋根の茅の厚さよる断熱、軒の出による日射遮へい、通風・換気などの手法が組み合わされることで得られます。現代の住まいでも、日射や外部風のコントロール、緑・水などのポテンシャルを活かすことによって「涼しさ」を得ることができます。住まい手に「涼しさ」をもたらす空間は「涼房[1]」と呼ばれています。ただし、「涼しさ」は瞬間の感覚で持続すれば「寒さ」に変わってしまう特徴[2]があるので注意が必要です。

　夏、屋外では強い日差しが建物の外壁や周辺道路などの表面にあたり、それらの表面からは強い放射熱が発せられています。都市の緑が減り、熱を蓄えやすいアスファルトやコンクリート面で覆われ、都市全体の高温化に拍車をかけています。住宅の開口部はこの外からの放射熱に対して無防備となっていることが多いので窓ガラスの外側での日射遮へいは室内で「涼しさ」を得るのに有効です。

■ 地域・季節・時間によって異なる日射遮へい（遮熱のタイミング）

　水平庇による日射遮へいは有効ですが、地域・季節・時間帯の条件によってその効果は異なります。水平庇の効果を確認するためには、たとえば、札幌・東京・那覇で夏至の南中高度は70°、78°、87°と異なるので、水平庇に要求される長さ（壁面からの庇の先端までの距離）が違います。任意の季節・時刻の太陽高度・太陽方位角を確認するための「太陽位置図」はこのような時に便利です。**図II-1.1**の左図は、札幌（北緯43.0度・東経141.2度）の太陽位置図です[註]。図の横方向の曲線は太陽の月別軌道、縦方向の曲線は時刻を表しています。2つの交点が任意の月日・時刻における太陽位置で、太陽高度（0～90度）は円の大きさ、太陽方位角は原点Oと太陽位置の交点を結ぶ線分の角度として示されています。夏至（6/21）は札幌では早朝4：30には日が昇ります。夜は20：00ぐらいまで空が明るいです。逆に冬至（12/21）は朝7：00を過ぎて外は暗く、夕方16：30には日が沈みます。

　図II-1.1の右図は、フィンランドの北部の都市のロバニエミ（北緯66.5度、東経25.7度）の太陽位置図です。夏の白夜と冬のオーロラが有名な北極圏の都市ですが、夏至は一日中太陽が顔を出しています。睡眠をとるために日差しを遮るためのカーテンが必要と言われています。逆に冬至は太陽はほとんど地平線から顔を出さないで終日夜のような日が続きます。

　水平な庇は、夏の南面での日射遮へいには有効です。その一方で太陽高度が低い東面や

西面からの光に対しては遮へいの効果を十分に発揮できません。**図Ⅱ-1.2**は、東・西・南・北の壁面における夏至、冬至春・秋分の日射受熱量（札幌）です。夏の午前は北東面から、午後は北西面からの強い日射を受けることがわかります。太陽高度が低い午前と午後は水平庇よりも、縦庇や縦ルーバーが有効です。窓外での緑のカーテンや簾なども室内の過度な温度上昇を抑えるのに効果が高いです。

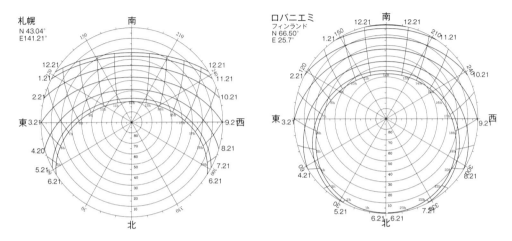

図Ⅱ-1.1 太陽位置図（札幌・ロバニエミ）

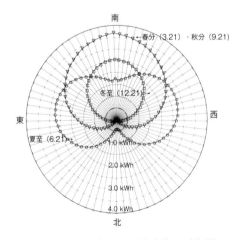

図Ⅱ-1.2 方位別の日射受熱量（札幌）

参考文献

1）宿谷昌則：涼房について，日本住宅協会雑誌，pp. 68-71，1982
2）寺田寅彦：涼味数題，寺田寅彦随筆集（第4巻所収），岩波文庫，pp. 127-133，1948

註　太陽位置図は、建築設計資料集成（日本建築学会編）などの資料から入手できるほか、たとえば，オレゴン大学 Solar Radiation Monitoring 研究所のウェブサイト（英語版）（http://solardat.uoregon.edu/SunChartProgram.html）から緯度・経度などの対象地の情報を入力して PDF ファイルにて出力できる（2022.7.1 access）。

【体験】ソーラークッカーで気づく、太陽エネルギーの熱利用

■ 概要：ソーラーパワーは電気だけじゃない

　小学生の授業で「ソーラーといえば？」という質問をすると、「ソーラーパネル」「ソーラーカー」「電卓の電池」など、電気をイメージすることが多く、「ソーラー」という言葉にした途端、洗濯物や布団を干したり、ひなたぼっこしたりすることなどもソーラーパワーの利用方法であるということに結びつきにくいようです。

　太陽エネルギーを熱として利用した際にどれだけの効果があるのかを体感できるのがソーラークッカーです。ソーラークッカーは、反射板を利用して太陽光を1か所に集め、その熱で食材を加熱する調理器具です。ソーラークッカーには**写真Ⅱ-1.1**のように、さまざまな形状、タイプがあります。電気やガスをまったく使用することなく調理ができるため、アウトドアグッズや防災グッズとしても利用されており、海外では電気の供給が十分でない開発途上国でも利用されています。

■ ソーラークッカーを使った小学校向けのプログラム

▶対象

　理科の授業で「太陽」「熱」を学んだ4年生以上に適しており、温度測定結果のグラフ化といった算数の授業、調理の準備・片付けといった家庭科の授業、さらにエネルギー問題や海外のエネルギー事情などの説明など複合的な授業内容にもつなげられますが、「太陽の力を実感する」という目的であれば低学年でも可能です。

▶ポイント・注意事項

- 天候がよい日には鍋も高温になるため、やけどに注意する

写真Ⅱ-1.1　さまざまなタイプのソーラークッカー

　•目の保護のためにサングラスを使用する

▶**必要なもの**

(1) ソーラークッカー

(2) 専用鍋（黒色が理想、上方からも熱を受けるため、市販の黒いプラスチック製ツマミは溶ける可能性もある）

(3) 食材（茹でて食べられるもの）

(4) サングラス

(5) 鍋掴み

(6) 温度計

(7) 時計

(8) ワークシート（10分後と鍋の温度をはかり記録）

(9) 虫眼鏡

(10) 鏡

▶**所要時間：60分程度**

▶**手順**

① ソーラークッカーの説明

　光を集めるしくみについて虫眼メガネとの焦点の位置の違いを比較して説明します。また、鏡で太陽光を反射させ1か所に集めると、明るい部分がほんのり温かくなることを体感させ、その原理を器具にしたものがソーラークッカーであることを説明します。

② ソーラークッカーの設置方法についての説明

　ソーラークッカーは太陽に対して垂直に設置することで効率良く光を集められることを説明したうえで、太陽の動き方（時間毎の角度、季節による高度の違い）を説明します。

③調理

　ソーラークッカーに鍋をセットした後、10分毎に鍋の中の温度を図り、温度の変化をグラ

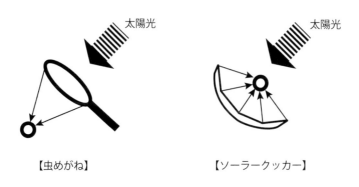

図Ⅱ-1.3　ソーラークッカーの原理（虫眼鏡との比較）

フ化します。天候や食材によっては熱が足りない場合もありますので、調理実習室で加熱できる準備をしておきましょう。

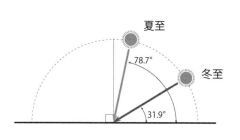

図II-1.4　夏と冬の太陽高度の違い

写真II-1.2　ソーラークッカーの角度

写真II-1.3　小学校におけるソーラークッカーの体験授業の様子

▶エネルギー利用の適材適所

　直径80cmのパラボラタイプの場合、集光面積が約0.5㎡ですので、受け取る太陽エネルギーは最大で500Wで、晴天時はガスコンロの弱火に相当します。このソーラークッカーと同じ程度の面積の太陽光パネル（100W）で発電する電気は1時間で100Wですので、計算上は10時間分の発電で1000Wのホットプレートを動かすことができます。ただし、パネルで発電した電気は直流のためバッテリーに蓄電後、インバーターで交流に変換して、ようやくホットプレートが使用できることを考えると、ソーラークッカーはシンプルで効率のよい太陽エネルギーの利用方法です。その一方、熱は貯めることも電線で運ぶこともできませんし、温める以外の用途には使用できません。発電も熱利用も太陽エネルギー利用の有効な方法ですので、目的に応じた利用方法を考えることが大切です。

（3）日除けの使いこなし術

　「日除けの失敗（pp.5〜8）」ですでに述べたように、日除けは夏に涼しく住まううえでの必須アイテムですが、適切な設置の仕方が意外と難しいものでもあります。日除けのなにがどのように作用して暑さ軽減につながるのか——というしくみを理解しないことにはしくじりを繰り返すだけですので、まずは日除けのしくみについてここでは学びます。

■ 日除けは窓の遮熱が目的

　日除けは、そのままではまぶしすぎる太陽光を窓辺で遮る手段、つまり明るさの調節手段でもありますが、冷房ということだけで考えると、日射によって運ばれてくる熱が室内に侵入することを遮る手段、つまり遮熱の手段になります。

　日射は基本的には光であって、物体に吸収されるとすべて熱に変わります（これを日射熱といいます）。日除け自体も日射熱の吸収によって高温の発熱体になります。このことから、日射熱の侵入方法は、光として窓を透過してから床や壁などで熱になるルートと、日除けから放出される熱が室内に到達するルートの二つになります。前者については日射という光を反射すればよいので、できるだけ白い素材のスクリーンやブラインドなどで窓を覆ってやればよく、日除けを窓の屋外側につけるか屋内側につけるかでは反射効果に大きな差がありません。他方、日除け自体からの放出される熱をもできるだけ室内に入れないようにするには、日除けを窓の外につける方が断然効果的になります。

■ 窓の遮熱は日光の反射だけでなく窓辺からの遠赤外線を抑え込むこと

　日除けは種類に応じて、窓に届いた日射のうち室内に侵入する熱の割合——日射熱の侵入

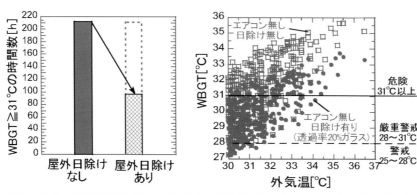

図Ⅱ-1.5　外付け日除けの有無が熱中症リスクに与える影響（神奈川県伊勢原市）

率が異なることを、皆さんはご存じでしょうか？ たとえば日射熱の侵入率は、レースカーテン、内付けブラインド、内障子といった、よくある日除けがそれぞれ52%、44%、37%といわれています。これに対して、日本ではまだ珍しい外付けブラインドは日射熱の侵入率が17%となっていて、ひと際小さいのです。

　図Ⅱ-1.5は木造戸建て住宅の2階にある南側の部屋でエアコンをつけずに通風している条件で、外付け日除けの有無が熱中症発生リスクに与える影響を予測した結果です。熱中症リスクの指標（WBGT）が危険領域になる時間数は、外付け日除けがない場合に比べて、外付け日除けがある場合は半減していることが見てとれます。2階の居室の場合、常時在室していない例や、エアコンをつけていない例が珍しくありません。そのような部屋で洗濯物をたたむなどの作業中に熱中症にならないともかぎりませんので、外付けの日除けがあるにこしたことはないのです。

■ 冷遠赤外線による人体放熱のための日除け

　図Ⅱ-1.5から窓の遮熱は、窓からの侵入熱を減らすためですから、効果的・効率的な冷房につながると直感的に理解できると思いますが、実はそれだけでは十分ではありません。人体の温熱生理に照らして日除けの意味について解説します。

　図Ⅱ-1.6、**図Ⅱ-1.7**は人体の熱バランスと住環境との関係を表しています。人体は、食べ物によって体内に熱を持ち込んでいるのですが、これと同量の熱を放出している場合に夏であれば涼しい、冬であれば暖かいと感じるようにできています。通常、熱の捨て方は、遠赤外線という電磁波で体表面から壁や窓などに捨てる方法、流動する空気に乗せて捨てる方法、打ち水効果（汗の蒸発）で捨てる方法といった三つがあります。床暖房を行う場合などはこれら三つに、触れている床に熱を捨てるという方法がさらに加わります。以上をそれぞれ放射放熱、対流放熱、蒸発放熱、伝導放熱と呼びます。

　涼しい場合とは対照的に、**図Ⅱ-1.7**の食物によって取り込む熱よりも放熱量が小さいとき

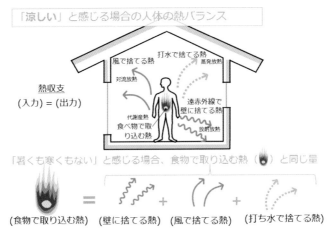

図Ⅱ-1.6　涼しいと感じる場合の人体の熱バランス

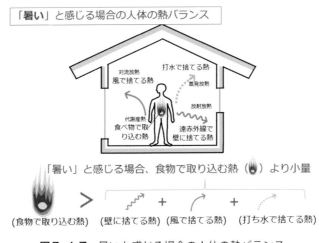

図Ⅱ-1.7　暑いと感じる場合の人体の熱バランス

に、人体は暑いと感じます。壁や窓が高温であれば放射による放熱が減り、空気温が高ければ対流による放熱が減り、湿度が高ければ蒸発放熱が減ります。空気の温度・湿度だけでなく、壁や窓の温度も暑さ・涼しさの原因となっているのです。

　窓の遮熱は日除けが太陽光を反射することによって室内に侵入する光自体を減らして侵入熱を減らすだけでなく、窓の表面温度や窓からの透過日射を吸収する床の表面温度の上昇を抑えます。人体からの遠赤外線の捨て場である窓・床・壁・天井の温度の上昇が抑えられれば、人体の放射放熱が妨げられることがなくなり、涼しい空間に一歩近づきます。暑いとエアコンで冷風を吹き込むことをまず思いつくのが普通ですが、最も高温になりやすい、遠赤外線多発地帯である窓や床などの表面温度を上げないようにすることも、エアコンと同様に涼しくするために必要な条件なのです。

■ 日除けのいろいろ

　前述したように、遮熱効果に最も優れていたのは外付けブラインドや簾のような外付け日除けでした。外付けブラインドの国産商品としては、たとえば手動シャッターブラインドや通風雨戸があります。

　夏にこれだけ蒸し暑くなる日本で、もっとも遮熱効果の高い外付けブラインドが普及していない理由として、台風による外付けブラインドの破損や故障への危惧があげられます。簾や緑のカーテンの場合、屋外にフックで吊るされている構造のため、台風による強風時にそれらを折りたたむなどして風を受ける面積を小さくしないと、フックからの離脱や、固定用のロープの破損が生じます。これに対して、手動シャッターブラインドや通風雨戸は構造が強固なために、ルーバー部分が全閉状態になっていなくても破損することはありません。そもそも全閉にして雨戸の機能を果たすことが目的の商品ですから、あたりまえのことです。

　手動シャッターブラインドや通風雨戸のいずれもルーバー（多段になっている幅の細い板）部分の傾斜角を自由に変えられるので、太陽の位置によって傾斜角を調整し、日射の遮蔽効果を変えることができます。ただし、これらの導入は住宅の新築や本格的な改修の場合

写真II-1.4　手動シャッターブラインド（左）と通風雨戸（右）（写真提供：北瀬幹哉）

写真II-1.5　ひもによる手動シャッターブラインドの傾斜角の調整（左）、全閉状態（中央）、折りたたんだ状態（右）（写真提供：北瀬幹哉）

に限られるため、どの住宅でも手軽に導入できるというわけではありません。

　強風時に折りたたみが容易に可能で住まい手による設置も比較的容易な外付け日除けにオーニングがあります。**写真Ⅱ-1.6** は手動式オーニングです。手動式オーニングは支柱を外壁などに固定するという大工仕事があるものの、折りたたみの操作が容易で、値段も1万円以下のものもあって手頃な外付け日除けです。

　簾などのスクリーン状の日除けは、太陽から直接窓に到達する日射（直達日射）だけでなく、天空からの散乱光として到達する日射（天空日射）をも高い割合で遮蔽することができます。その一方で、窓を大きく覆うわけですから、通風時に窓を通過する風量を減少させてしまうというデメリットもあります。これに対して、大きなオーニングを窓の外に突き出せば、日射は遮られ、風も取り込むことが可能になります。もちろん簾ほど天空日射を遮ることはできませんが、1階の窓の場合、隣接する建物や植栽も遮へい物になるため、それらとオーニングを組み合わせることで、窓の遮熱と通風の双方を実現することが可能になります。

写真Ⅱ-1.6　手動で折りたたむタイプのオーニング

■ "無電力自己冷却機能つき" の外付け日除け

　オーニングなどの外付け日除けは、内付日除けより遮熱効果が大きい日除けではあるものの、それでも窓の表面温度を外壁の室内側と同程度まで下げることは難しく、最高で35℃以上に上昇してしまいます。ところが、外付け日除けのなかでも、窓がそのように高温になることもなく、日除け自身が無電力で自らを冷却する、そんな日除けが存在します。それがいわゆる緑のカーテンです。

　植物には葉の裏に気孔という器官がついていて、これは人体でいうと汗腺のような蒸発放熱の役割をになっています。植物は過度の体温上昇を防ぐために根から吸い上げた水分を気孔で蒸発させることで放熱を行い、身体を冷やしています。これを蒸散といいます。

　植物は日除けという人工物ではありませんが、窓の外に支柱やロープを用意してツルと葉を

生い茂らせることができれば、それは人間にとっての外付け日除けになります。窓面緑化とも言われる植栽の日除けは、10年くらい前から緑のカーテンと呼ばれ、これを育てる運動も展開されています。

写真II-1.7は集合住宅の最上階宅にあるバルコニーに設置された緑のカーテンと簾です。簾の表面温度が35〜36℃になっているのに対して、緑のカーテンであるゴーヤの葉は表面温度が29〜31℃に抑えられています。いずれも日除けとなって日陰空間をつくってくれているわけですが、緑のカーテンの方が簾より低温ですので、人体の放射による放熱を助けることになるということができます。

住まいそれぞれに固有の条件があります。「日除けの設置位置は室内より室外」という大原則のもとに住まいの条件に合わせた日除けの適用が大切になります。

写真II-1.7　集合住宅のバルコニーに設置された緑のカーテン

参考文献
1）堀清孝：図解入門よくわかる最新断熱・気密の基本と仕組み[第2版]，秀和システム，pp.72-75，2015
2）野沢正光・甲斐哲朗・高橋達ほか：エコリノ読本―住まいをリノベーションしてエコな暮らしを手に入れる，新建新聞社，pp.79-81，2014
3）高橋達：自治体保健師との協同による高齢者熱中症予防のための住まい方支援の試み―神奈川県西部の戸建住宅・高齢者自治会を対象にして―，日本建築学会大会学術講演梗概集，D-2，pp.1295-1296，2020.9
4）NPO法人 緑のカーテン応援団編：緑のカーテンの育て方・楽しみ方，創森社，2011

【体験】水スースー・みどりヒエヒエ実験

▶ 概要：

水が液体から気体に変化（気化・蒸発）する際に、周りから熱を奪う現象を蒸発冷却といいます。最初のプログラム（水スースー実験）では、蒸発によって冷やされる現象を肌で体感し、さらに温度計で計測した数値の変化を確認しましょう。次のプログラム（みどりヒエヒエ実験）では、蒸発冷却を利用した、夏を涼しく過ごす工夫を体験して、その効果を確認しましょう。

水の蒸発冷却は、私たちの汗や植物の蒸散作用といった、身近なところで見ることができる現象であることに気づき、日々の暮らしや、私たちの住む街や都市を涼しくすることに活かしていけるようになりましょう。

▶ **ポイント・注意事項**

・霧吹きを使います。水に濡れてはいけない物のそばや場所で行わないようにしましょう。
・200W の電球を使います。高温になるため、火事・やけどには注意しましょう。

▶ **必要なもの**

(1) 霧吹き
(2) ぬるま湯 (ひと肌程度)
(3) 放射温度計
(4) うちわ
(5) 簾 2 枚 (W80 cm × H90 cm 以上)、そのうち 1 枚の裏側全体にトレーシングペーパーを貼り付けておく。
(6) 簾を吊るすもの
(7) ライトとソケット (200W 白熱灯　2 灯× 2)
(8) 延長コードと電源

▶ **実験 1：水スースー実験**
▶ **所要時間：10 分程度**

▶ **手順**

① 両腕を出してもらい、腕の表面温度を放射温度計で測ります (**写真Ⅱ- 1.8**)。
② 片方の腕にだけぬるま湯[※1]を霧吹きで吹きつけ、左右の感じ方の違いを伝えてもらいます。
③ 濡らした腕の表面温度を計測しながら、両腕にうちわで均等に風をあて、放射温度計の数値が下がる様子をみんなで見てもらいます(**写真Ⅱ- 1.9**)。数値が見えない場合は、数値を読み上げて情報を共有しましょう[※2]。うちわは、蒸発を促進させるために使用していることを伝えつつ、一生懸命あおぎます。
④ 体感と数値の変化を振りかえりながら、「水は蒸発するときに周囲から熱を奪うこと」を説明し、腕に吹きつけた水 (お湯) は、蒸発するときに腕から熱を奪うので、冷たく感じた」と説明します。そして、この現象を「蒸発冷却」と呼ぶことを伝えます。
⑤ 全員の腕に霧吹きで水をかけて、うちわであおぎ、「蒸発冷却」を体験してもらいます。
⑥ まとめとして、身の回りで蒸発冷却の効果をうまく使って、夏に涼しさを得ているものを

写真II-1.8 放射温度計で腕の表面温度を測る

写真II-1.9 うちわであおぎながら、放射温度計で測る

あげてもらいます。例として「打ち水」や「ドライミスト」などがあがると思いますが、もっとも身近な例として、「私たちが汗をかき、それが蒸発することで身体を冷やしている」ことを伝え、汗の重要性を伝えつつ、次の実験につなげます。

※1 霧吹きに触ってもらい、水ではなくお湯（人肌程度）を使用していることを確認してもらいましょう。その際、冷たく感じるのは水の冷たさではないことを説明しておきましょう。
※2 水が蒸発するときに腕から熱を奪うため、濡らしていない腕の表面温度よりも温度が低くなることを確認しましょう。

▶ 実験2：みどりヒエヒエ実験
▶ 所要時間：15分程度（参加人数による）

▶ 手順
① 簾を2セット用意し、簾の裏側からライトを当てます（**写真II-1.10**）。
② 簾をめくり電球があることを確認して、「電球を太陽と見立て、電球のある側が屋外、手前は室内をイメージしている」ことを伝えます。電球を点灯してから、簾を下げて日射（電球の熱）を遮ります。簾によって暑さが和らぐことを体感して、窓の外側に簾などの日除けを設けることが有効であることを伝えます。
③ しばらく置いた簾の表面温度を放射温度計で測り、高温になっていることを確認して、「これをもう少し涼しくする方法はありませんか？」と問いかけます。
④ 霧吹きを見せて水スースー実験を思い出してもらい、霧吹きで簾に水をかけ、うちわであおぐことで蒸発冷却を利用することを提案します。
⑤ 2セットのうちの一つで、トレーシングペーパーを貼り付けた方の簾に霧吹きでお湯をかけて、うちわであおぎながら放射温度計で表面温度を測り、お湯をかけていない方の簾の表面温度と比較したうえで、順番に体感してもらいます。
⑥ 霧吹きでお湯をかけて、うちわであおいでいる簾と、何もしない簾に頬(※3)を近づけ、感じる暑さの違いを全員で順番に体感してもらいます（**写真II-1.11**）。

写真II-1.10　裏側にライトを設　　写真II-1.11　二枚の簾に頬を近づけ
　　　　　　　置した簾　　　　　　　　　　　　　　て違いを体感する

⑦簾と蒸発冷却を合わせると、涼しくできることを確認し、「このような日除けが作れない
　かな?」と問いかけ、緑のカーテンを紹介します(**写真II-1.12**)。緑のカーテンは、葉っ
　ぱで日かげを作りつつ、光合成にともなう蒸散作用で葉の表面温度を低く保っているた
　め、窓の外に設けると涼しくできることを伝えます。

⑧まとめとして、緑のカーテンだけでなく、街の中にある樹木も、夏涼しい日除けになって
　いることも伝え、街の中にある樹木の価値にも触れます。

※3 「頬」は敏感なため、2つの違いがわかりやすいからです。定期的に水を吹きかけてうちわであおぎ、蒸発冷却を
　　促進させながら、体感してもらいましょう。

写真II-1.12　マンションのベランダに設置した緑のカーテン

（4）屋上・屋根は想像以上に熱い

■ 天井が熱いと冷房も効きにくい

夏の暑い日にエアコンを使って室温を下げても、なかなか快適な状態にならないことを経験されたことはありませんか。室温はそれほど高くないのに、なんとなく暑い感じがするのは、天井や壁からの放射熱のせいです。放射熱とは熱を持つ物体から放出される熱です。身近な例では、鉄板焼きの鉄板やホットプレートの近くにいると、直接触らなくても感じる熱さが放射熱です。

住宅の壁や天井はホットプレートほど熱くなるわけではありませんが、真夏は外壁や屋根が太陽の強い日差しを受けるため、室内にもその熱が伝わってきます。そして、壁や天井といった広い面積の温度が室温よりも高くなるとそこからの熱を受けるため、エアコンを使って室温を下げようとしてもなかなか快適な状態になりません。

■ 冷やすための対策の前に、熱くしないための対策を

住宅であれば、2階建ての建物は2階の部屋、マンションのような建物では最上階が屋根や天井からの熱の影響を受けます。とくに夏は太陽高度が高く、真上からの太陽の強い日差しを受けるために、屋根や屋上の温度は70℃を超える場合もあり（**写真Ⅱ-1.13**）、その熱は屋根を通過して室内に伝わっていきます。これだけの熱が伝わってくると、天井の表面温度も40℃近くになることもあります（**写真Ⅱ-1.14**）。

一旦熱くなってしまった天井を冷やすのは大変ですので、屋上や屋根で熱を遮り、できるだけ室内に熱を入れない工夫が必要になります。

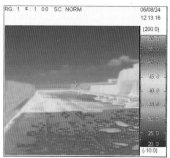

写真Ⅱ-1.13 屋上の写真とサーモ画像

1 階 　　　　　　 2 階 　　　　　　 3 階

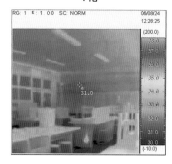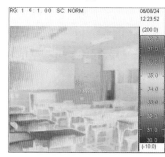

写真Ⅱ-1.14 学校の教室の写真とサーモ画像

■ 屋上や屋根からの熱を遮る4つの方法

屋上や屋根からの熱を遮る方法は大きくわけて4つあります。

1　植栽や外構の工夫によって、屋上・屋根に日が当たらないようにする
2　屋上・屋根の断熱性能を高める
3　仕上材や塗装によって屋上・屋根の遮熱性を高める
4　屋根面の下の通気や換気によって、室内に入る熱の量を少なくする

1は家を建てる段階から計画しないと難しいことですし、冬は反対にできるだけ室内に日差しを取り込みたいので、そこまで配慮した植栽計画が必要です。
2から4は建物の設計に関わることですので、新築の段階で対応しておくことが理想です

が、リフォームの際に手を加えることも可能です。その際、どの程度の断熱が必要なのか、あるいは、どういった塗装が効果的なのかは、設計者や施工会社にきちんと計算してもらうことをお勧めします。なお、屋根面の工事は非常に危険を伴うことと、不用意な施工は雨漏りの原因にもなりますので、ＤＩＹは避けて専門の業者に依頼しましょう。

■ 思いきって屋上に庭をつくる方法もある

　フラットな屋根であれば、屋根の工夫をするだけではなく、屋上緑化という方法もあります。屋上に土をいれ、そこで植物を育てるのです。昔ながらの茅葺きの屋根（**写真Ⅱ-1.15**）も緑化ではありませんが茅が熱さを防ぐ役割を果たしています。

　屋根緑化や屋上緑化（**写真Ⅱ-1.16**）では土を載せ、常時湿気がある状態になりますので、防水・排水、建物強度、土や植物の選定、植物への水やりや手入れなどの対策も必要ですが、その効果は、夏の日差しを防ぐだけでなく、防音性の向上、保水力の増加、景観の向上、さらに庭や畑のスペースとしての利用など多くの魅力があります。

写真Ⅱ-1.15　茅葺きの屋根

写真Ⅱ-1.16　屋上緑化の事例

column <small>コラム</small>

打ち水マイスター —— 本当に涼しくなる打ち水とは

　近年の異常気象からくる強烈な猛暑を前にすると、庭などに打ち水しても、まさに "焼け石に水" と思うことから、掃除以外の目的で打ち水を実践する人が減っているかもしれません。とはいえ、水が蒸発するときに、蒸発面やそのすぐそばの空気から気化熱を奪うわけですから、打ち水は余分な熱を取り除く行為に違いありません。

　打ち水を行えば、当然その蒸発作用で湿度が上昇しますので、場合によっては蒸し暑さが助長されます。炎天下のアスファルトに打ち水をしても、酷暑が軽減されるどころか、蒸発で生じた水蒸気が湧き上がってくることで、焼けるような暑さに蒸し暑さが加わって最悪の状態になりそうです。

　ここでは、涼しさを生み出すこと間違いなしの、決定版といっていい打ち水の方法を紹介します。

●十分に下準備ができていますか！？

　写真II-1.17 は日本一外気温が高くなるといわれている埼玉県熊谷市に最近つくられたある公園の可視画像と赤外線熱画像（サーモグラフィ）です。この公園には、打ち水で涼しくするための技術がいくつも取り入れられています。公園の舗装面には、井戸水がポンプで散布されるようになっています。日なたにあって散水されていないベンチは、表面温度が最高で40℃以上になっています。このときに外気温の代表値はなんと40℃でした。おなじく日なたにあって散水されている保水性舗装面の表面温度は33～38℃になっていて、確かに打ち水によって気化熱が奪われ、表面温度が下がっていることが確認できます。ちなみに、この舗装面は微細な空隙によって散布水が簡単には流れ去らないような保水性の構造になっています。

　ここで写真の右側にある桜の木の根元を見ますと、日陰になっている芝生があります。この日陰にある芝生の表面温度は27～32℃になっています。夏の強い日差しを遮ることは、日除けのページですでに述べましたが、涼しく住まうために取り組むべき基本中の基本です。打ち水の冷却効果を活かすにも、わざわざ日射の強烈なエネルギーをもらった上で打ち水するのではなく、日除けによって熱の侵入を防いだうえで、打ち水を行うことが必要なのです。打ち水の冷却作用を、一旦受けとった日射熱を押し戻すのに使うのではなく、日射熱をそもそもできるだけ受けとらないようにすれば冷却効果がより大きくなります。だから、芝地は保水性舗装のように全面が濡れていなくても、そ

れより表面温度が低くなっているのです。

　なお、この公園では毛虫の発生を避けるために桜の枝を長く剪定したために木陰部分が狭くなり、打ち水の効果を引き出す日除けが不十分になってしまいました。このようなことはよくあることです。だからこそ、日除けという下準備が、打ち水の冷却効果を最大化するためには欠かせない原則と覚えておく必要があります。

写真Ⅱ-1.17　打ち水を行っている公園の可視画像とサーモグラフィ（埼玉県熊谷市、コクーン広場）

参考文献

1）ミサワホーム総合研究所：環境省委託事業平成27年度低炭素ライフスタイルイノベーションを展開する評価構築事業「『涼』を呼ぶパッシブクーリング技術活用等によるライフスタイルと満足感に関する効果の検証」成果報告書、ミサワホーム、2015.3
2）日本建築学会編・設計のための建築環境学—みつける・つくるバイオクライマティックデザイン、彰国社、pp.66-69、2021

（5）緑とのつき合い方

2011.3.11 未曾有の東日本大震災以降、計画停電や経験したことのないゲリラ豪雨・台風等に見舞われ**SDGs**（持続可能な開発目標）に向けた住まいや街づくりへの準備が話題となり、防災・減災等の多様な効果をも得ようとするグリーンインフラが社会と経済の発展に寄与するとして注目されています。**写真Ⅱ-1.18**の郊外型パッシブデザイン住宅は、「緑のカーテン」、「ナイトパージ（夜間冷気の導入）」「開閉式オーニング

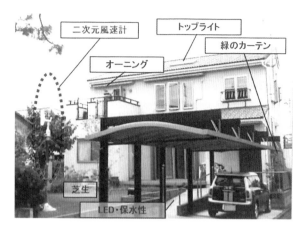

写真Ⅱ-1.18　地球環境に配慮したパッシブデザイン住宅

（1，2階の軒下から約2ｍ)」、「外付ブラインド」などで日射を制御します。1，2階とも開口部が多く、温熱・気流シミュレーション結果[1]から、積極的に風の道を活用できることがわかってます。前庭を全面緑化しているため、ヒートアイランド対策となり、緑の芝生を通り抜けた夏の風は、階段を通り抜けて2階に導かれます。緑と風を行かした計画を紹介します。

■ さまざまな場面で活躍する緑のカーテン

1）戸建て住宅の例

写真Ⅱ-1.19
大学建築設備研究者Ｉ宅（三鷹市内）の葦簀・簾と併用した緑のカーテン

2）集合住宅の例

写真Ⅱ-1.20
バルコニーの手すりにプランターをかけた緑のカーテン（横浜市内）

3) 仮設住宅の例

ＮＰＯ法人緑のカーテン応援団が「仮設住宅×緑のカーテンプロジェクト」を立ち上げたこ

とから、鶴ヶ島みどりのカーテン市民実行委員会代表 M 氏がボランティアとして参加しました（**写真II-1.21**）（参照：https://midorinoka-ten.com/kasetsu/）。福島県川俣町では、仮設住宅 200 戸のプランターに、自宅で育成した苗を仲間と植えました。

写真II-1.21　仮設住宅（福島県川俣町内）プランターを使用した緑のカーテン

4）市庁舎の例（千葉県船橋市役所）[2]

　市庁舎では、緑のカーテンの有無による執務室の最大温度差は 3℃確認されました。 窓面付近温度は 1F＜4F 緑のカーテン内側＜4F 緑のカーテン外側＜3F（緑のカーテンなし）の順に高くなりました。4F の緑のカーテンの室内側敷設は、室外側敷設の場合に比べてやや劣るが同様の効果が確認されました。

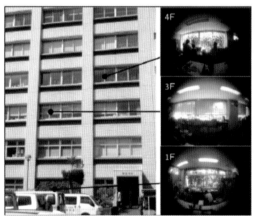

写真II-1.22　1, 3, 4 階の緑のカーテン設置状況

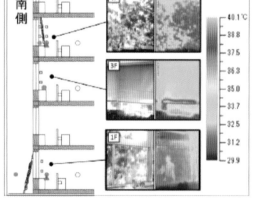

写真II-1.23　1, 3, 4 階の開口部（室内側）の熱画像

用語解説：SDGs

17 のグローバル目標と 169 のターゲット（達成基準）から成る [1] 国連の持続可能な開発目標。 2015 年 9 月の国連総会で採択された [1]『我々の世界を変革する：持続可能な開発のための 2030 アジェンダ』（Transforming our world:the 2030 Agenda for Sustainable Development） と題する成果文書で示された 2030 年に向けた具体的行動指針。

■ 熱中症予防の為の緑被率と WBGT の関係

　2020 年 3 月 14 日付けの毎日新聞朝刊で、環境省と気象庁が個別に発信してきた熱中症予防情報の発表基準を統合し、2021 年夏には**「暑さ指数：WBGT」**が本格的に全国展開されることが報じられました。気温や湿度に加え、路面や建物の壁からの放射熱（輻射熱）がクローズアップされましたが、その遮熱に効果的なのが「緑」なのです。筆者らが数年来、実測によって蓄積してきたデータから、魚眼レンズに投影された天空に対する樹木の水平投影面積が 40 〜 50 ％に達すると、WBGT が 28 ℃（WBGT 基準：警戒と厳重警戒の境界値）に近似することが明らかとなりました[3]（**図Ⅱ-1.8**）。つまり、頭上が緑で覆われる率が、WBGT が厳重警戒の 28 ℃より低くなるためには、頭上の緑化率を 45 ％程度確保する必要があることを示しています。つまり、緑化率 45 ％の植樹計画が有効であることを示唆しています。

参考文献
1）川村 緑・吉野泰子・王欣博・森下雄亮：住環境教育の普及啓発に向けた郊外型住宅の風環境調査，日本建築学会学術講演梗概集，環境工学Ⅱ，pp.511-512，2015
2）吉野泰子・森下雄亮・川村 緑「地球環境時代における住環境教育の普及啓発に関する研究」，「緑カーテン」敷設位置による日射遮蔽効果の差異に関する実測調査，日本建築学会学術講演梗概集，環境工学Ⅱ，pp.525-526，2015
3）吉野 泰子・李 テイ：「環境配慮型キャンパスに向けた温熱負荷の実態と植樹効果に関する検討」，日本建築学会学術講演会梗概集，環境工学Ⅰ，pp.1255-1256，2016

用語解説「暑さ指数：WBGT」

湿球黒球温度（wet-bulb globe temperature）は、酷暑環境下での行動に伴うリスクの度合を判断するために用いられる指標である。1954 年にアメリカ海兵隊新兵訓練所で熱中症のリスクを事前に判断するために開発された。日本の環境省では、暑さ指数（WBGT）と称している。人体の熱収支に影響の大きい湿度、輻射熱、気温の 3 つを考慮しており、それぞれ湿球温度（Tw）、黒球温度（Tg）、乾球温度（Td）の値を使って計算する。WBGT=0.7Tw+0.2Tg+0.1Td　WBGT=0.7Tw+0.3Tg（屋内および日照していない場合）軍隊のほか、高温となる労働環境や運動環境等での熱中症を予防するために国際的に利用されており、ISO 7243、JIS Z 8504 などとして規格化されている。

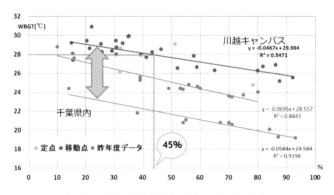

図Ⅱ-1.8　緑陰の緑被率と WBGT の関係

【体験】窓面日除け効果の箱模型実験

▶ 概要：

　ここでは、電球を太陽に模して模型に照射し、模型内部の温度を温度計で測る実験から、窓面の日除けの効果を確かめるワークショッププログラムを紹介します。自然のポテンシャルを利用した涼しい家にするための工夫として欠かせないのは、窓から建物に入る太陽からの熱を最小限にすることです。実験をしながらみんなでそのことを共有することは、建物をデザインするとき、自分の家を建てようと思ったとき、賃貸住宅を探すときなどの大事な知見となることでしょう。

▶ ポイント・注意事項

- 模型は1時間以上前から実験をする室内に持ち込み、室温と同じになるようにしておきましょう。
- 室温は一定に保ち、窓や空調機からの風や日差しが当たらないようにしましょう。
- 棒温度計の読み方（視線は垂直にして、目盛りが1℃刻みのときは目分量で0.1℃まで読むなど）も指導してください。
- この実験は、3人以上のグループで行うとよいでしょう。

▶ 必要なもの

(1) 建物模型（2種類）×グループ数
　内側日除け、外側日除けの2種類を事前に制作しておきましょう。建物は、ペットボトル（お茶用の四角い断面のもの350mℓ）を加工して作ることもできます。その他、日除けの材料、アルミホイル・セロハンテープ・ビニールテープ・両面テープ・定規・ハサミなどが必要となります。

(2) 記録用紙（**図II-1.9**）×グループ数

(3) 棒温度計（0～50℃）3本×グループ数

(4) 白熱電球（100Wもしくはワット数の大きいもの）とソケット（スイッチ付き）2組×グループ数

(5) 放射温度計2台×グループ数

(6) 延長コードと電源×グループ数

(7) ストップウォッチ×グループ数

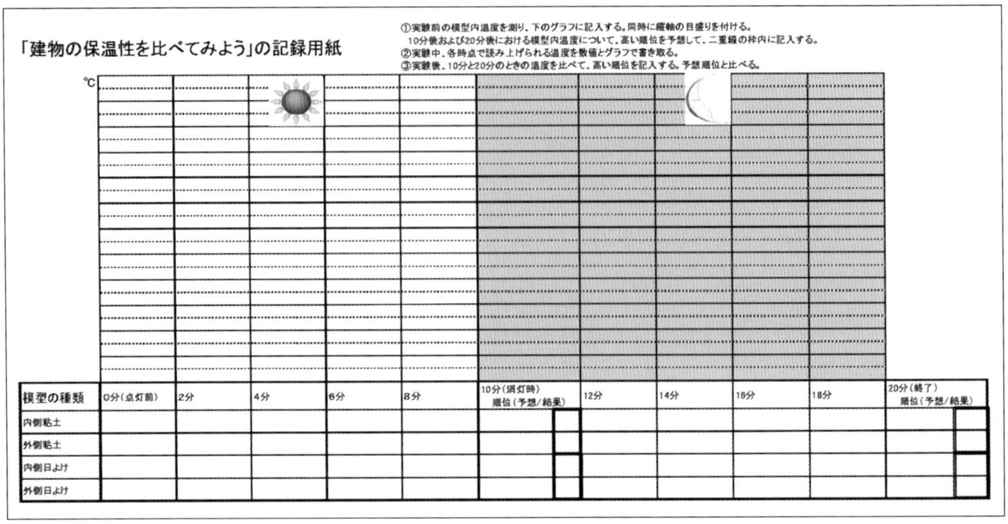

「建物の保温性を比べてみよう」の記録用紙

①実験前の模型内温度を測り、下のグラフに記入する。同時に縦軸の目盛りを付ける。
　10分後および20分後における模型内温度について、高い順位を予想して、二重線の枠内に記入する。
②実験中、各時点で読み上げられる温度を数値とグラフで書き取る。
③実験後、10分と20分のときの温度を比べて、高い順位を記入する。予想順位と比べる。

模型の種類	0分(点灯前)	2分	4分	6分	8分	10分(消灯時) 順位(予想/結果)	12分	14分	16分	18分	20分(終了) 順位(予想/結果)
内側粘土											
外側粘土											
内側日よけ											
外側日よけ											

図Ⅱ-1.9　記録用紙の例

▶ **所要時間：30 ～ 45 分程度**

▶ **手順**

① 各模型内に温度計を設置し、電球を中心に、比較したい模型を並べます。
（**写真Ⅱ-1.24**）

② 各模型の「温度の読み上げ・記録担当」を 1 人ずつと「ストップウォッチ担当」を 1 人
決めてください。

③ 実験前の模型内温度を読み上げ、記録用紙に記入します。

④ 実験前の模型内の温度を参考に、実験開始 10 分後および 20 分後における模型内温
度について「内側日除けと外側日除け」ではどちらが高いかを予想して、二重線の枠内
に記入します。

⑤ 準備が整ったら白熱電球を点灯し、1 分間隔で温度を読み上げてもらいます。

⑥ 実験中、各時点で読み上げられる温度を数値とグラフで書き取ります。

写真Ⅱ-1.24　箱模型実験の様子

⑦実験開始 10 分後に白熱電球を消灯し、引き続き、1 分ごとに温度の読み上げを続けます。

⑧実験後、10 分と 20 分のときの温度を比べて、高い順位を記入し、予想順位と比べます。

⑨どうしてそうなったかを皆で考えます。必要に応じて、解説してください。

▶ まとめ

　日本の昔ながらの建物をイメージすると、屋根、簾、葦簀、庇といったキーワードが思い出されると思います。昔の人はこれらの必要性をよくわかっていたのでしょう。今の街を歩いてみると、日除けのある建物、ない建物がありますが、この実験の後では、室内の熱環境がイメージできるのではないでしょうか（**写真Ⅱ-1.25**）。みなさんはどんな建物で暮らしたいですか?

写真Ⅱ-1.25　日除けのある建物とない建物の外観

column コラム

コラム：グループホームでのグリーンカーテンの試み（職員の気づき）

　埼玉県鶴ヶ島市内の認知症高齢者を対象とした地域密着型介護サービス施設であるグループホームに入居が決まった 92 歳の M さん。参加型共同生活を送ることになる南西の角部屋は、明るい平屋建てで緑の草花に囲まれ、ラウンジには高窓から天空光がふりそそぎ、申し分ない立地で、充実した歳時記プログラムやスタッフに支えられ、笑い声が絶えない日々を過ごされていました。

　入居から半年後、初めて迎えたの夏のことでした。

　M さんのご家族は、じりじりと照りつける西日が気がかりで、鶴ヶ島緑のカーテン市民実行委員会が、市役所で無償配付されたゴーヤの苗を思い出し、責任者の M 氏に相談したところ、「まだ、間に合います！」との言葉に後押しされ、ホームの承認をいただき、南西の角部屋の軒下にグリーンカーテンを敷設することになりました。経験豊

写真撮影：小森真弓＋吉野泰子

富な M 氏のご協力で、建物にダメージを与えないよう雨どいネットをはり、フウセンカズラ・アサガオ・ヘチマ・ゴーヤの寄せ植えを 2 鉢提供。家族は、グリーンネット・フラワーポット・土・専用肥料・鉢底石を用意し 2019 年 7 月末完成。入居者＋職員で水やり当番を決めひと夏涼ませてくれた緑のカーテン。ハート型のフウセンカズラの種は、ホームの関係者を幸せな気分で包んでくれました。全入居者の暮らしぶりの隅々まで心得ておられる M 氏は、「緑の葉が大きくなるにつれ、暑さ対策になることはもちろん、目に優しく寄せ植えのつぼみが大きくなっていく様子には癒やし効果があるようです。12 月に看取られた利用者様も、緑のカーテンに笑顔を見せて下さったことが印象的でした。」とコメントを寄せてくださいました。

1.2　夏の上手な涼房設備の使い方

（1）気流の向きを変えるとこんなに効く〜扇風機やエアコンの効きも　　　使い方しだい

　扇風機、シーリングファン、エアコンは気流によって涼感を得るための装置です。ところがその気流のつくられ方には、ファンのプロペラだけでなく、空気の温度も影響することがあることを知っている人は少ないと思います。また、これらの装置は涼風を身体にあてるための道具ではありますが、涼感を得るうえで隠し技があることを知る人もおそらく少ないことでしょう。扇風機、シーリングファン、エアコンによってつくられる気流の向きを変えれば、実は冷房効果が快適性が向上します。以下にこれらの隠し技をみていきましょう。

■扇風機を窓の外に向ける意味がある！

　室内で暑さを感じた場合、涼風を身体にあてて涼むための装置が扇風機ですが、気流を体にあてないで涼感を得る方法があります。上のイラストや**写真Ⅱ-1.26**のように窓を開け、網戸に向けて扇風機の気流を送り出すという手法ですが、これは、屋外に室内空気を排出するとともに、屋外に開放されている換気口や他の窓から、外気を屋内に吸引するものです。内部が空（から）になっている注射器のピストンを引っ張り上げれば、円筒内の気圧が下がるために、それより注射針の差し口から気圧が高い外部の空気が吸引されるわけですが、窓から外気が吸引されるのはこれと同じ現象です。

　温度が高く涼感が得られないような室内空気（暖気）は屋外に捨てて、そのかわり夜間に低温になった外気を窓から屋内に導入します。この手法が活きてくるのは、夜間の外気温がそれほど高くない初夏と晩夏で、窓開放だけでは外気を導入できない場合に上記のように網戸の外側に向けて扇風機を動かすわけです。実はキッチンや浴室の換気扇の換気も同様に排気を主体にしたものです。

写真Ⅱ-1.26　屋外に向けて排気を行なう扇風機
（気流の可視化実験のため窓枠にビニール紐を多数吊るしている）

■ 実は夏冬で向きが異なるシーリングファン

　戸建て住宅の吹き抜けや南国のホテルにあるロビーなどで天井にのプロペラがついていることがありますが、あの装置がシーリングファン（天井扇）です。シーリングファンはその回転方向が上向きか下向きかで効能が変わります。

　下向きの場合、直接気流が下部に吹き降ろされますので、ファンの下にいる在室者は夏なら涼感をえて、冬には寒さをおぼえます。つまり夏には涼感をえやすくするために下向きに使うわけです。ただしエアコンで冷房していて下半身や足元が冷えて不快になる場合には、気流が上向きになるようにします。この点は次節で紹介します。

　冬では、シーリングファンを上向きに回すと、エアコンなどであたためられた空気が天井にぶつけられた後、壁づたいに床まで降りてくるので、気流が体にあたって寒くなることはありませんし、足元に暖気が届くことにもなります。

　このようにシーリングファンを用いると、気流の向きの違いにかかわらず室内の空気が撹拌されますので、温度ムラを小さくすることにもなります。そのため冷暖房効果が上がることにつながります。

写真II-1.27　シーリングファン（天井扇、写真提供（株）松本材木店）
　　　　　　多くの人が知らないが、通風時、効きすぎの冷房時・暖房時とで回転の向きを変えて
　　　　　　使うべきもの

■ 足元や下半身を冷やしすぎることなく部屋全体をエアコンで涼しくする方法

　毎年、報道される熱中症被害の報道に心を痛めるばかりでなく、一抹の不安を覚える方が少なくないと思います。こまめな水分摂取とともにエアコンを惜しみなく使うことが推奨されていますが、単純にそれだけではすまない場合もあります。

　ある高齢者のおはなしです。人感センサーが在室者を検知して冷気を部屋に送り出すタイプのエアコンによって、下半身が冷えすぎて股関節が痛むようになり、その結果、エアコンを止めがちになってしまいました。スマートフォンと同様にエアコンなどの家電製品は多くの便利な機能をもっていますが、それを使いこなせない人がいるのは珍しいことではありません。このお年寄りは人感センサー機能を解除する方法がわからなかったのです。

　そこで私は次のことをおすすめしました。エアコンの人感センサーを解除して、扇風機の首部分を伸ばし上向きにし、さらにエアコンの吹き出し口の少し手前にプロペラを向けて、首振り状態で送風するようにします。温度の低い空気は重たくなって下降気流となって下半身や足元を冷やしすぎてしまうので、落ちてきそうな冷気を天井側に押し上げ、なるべく天井づたいに部屋の隅々まで冷気が届くようにしました。こうすれば、痛みや不快感を伴わずにエアコンを使い続けることができるというわけです。

　エアコンや家電製品がどんなに便利になっても、使い手の都合をどこまでも想定してつくられることはありません。冷暖房用設備がもつ作動原理の基本を理解して自分専用に使いこなせるようになることが大事ですし、必要になるのです。

【体験】エアコンの冷気流の可視化

▶ 概要：

前節ではエアコンの冷気が下降気流となって下半身や足元を冷やしすぎた場合に、どうやってそれを防ぎ、さらに冷房範囲まで拡げられるかについて紹介しました。

ここでは、エアコンからの気流を可視化する簡単な実験を紹介し、読者である住まい手のみなさんがプロによるこの実験の実演を通じてエアコンの冷気流をうまく拡げる工夫について理解できるようにすることを目的にしています。

▶ 必要なもの

(1) 習字用の半紙、数枚

(2) 扇風機、またはサーキュレーター

(3) 赤外線放射カメラ、または放射温度計

赤外線放射カメラは安いものでも数万円しますが、放射温度計は最安値で千円足らずから数千円ですので、大きな出費なく入手できます。

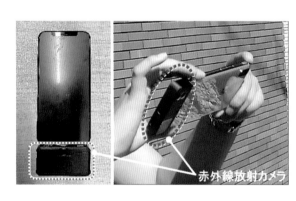

写真Ⅱ-1.28
スマートフォン接続タイプの赤外線放射カメラ
スマートフォンに接続した赤外線放射カメラで撮影すれば、物体の表面温度を測ることができる。

▶ 実験：エアコン冷気の見える化実験
▶ 所要時間：30分程度
▶ 手順

①半紙数枚を上下の気温分布を測りたい位置に天井から床近くまで吊るします。

②エアコンを冷房運転し、温度が安定するまで30分程度待ちます（すでに安定している場合は省略可）。

③半紙の表面温度を放射温度計や赤外線放射カメラで測ります。

④エアコンの吹き出し口に向けて扇風機の風を吹きつけます。

⑤再び、温度が安定するまで30分程度待ちます。

⑥半紙の表面温度を放射温度計や赤外線放射カメラで測ります。

■ 足元や下半身を冷やしすぎることなく部屋全体をエアコンで涼しくする方法

　この実験で測定された温度は半紙の表面温度ですが、半紙は薄い紙で断熱性も蓄熱性ともに著しく小さいので、そのすぐ近くの空気温とあまり変わりません。そのため半紙の表面温度を測ることが空気温の上下温度分布を可視化するというしかけになるのです。

　図II-1.10 のように扇風機併用前では、壁づけのエアコンからの冷気は半紙の下側半分を主に冷やしていて、半紙の表面温度は 26 ℃以下になっています。床の表面温度は約 23 ℃になっています。その一方で、天井の表面温度は 29 ℃になっています。上下温度差は 6 ℃以

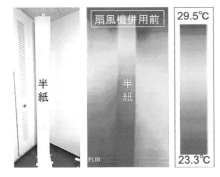

図II-1.10　半紙とサーモグラフィによるエアコン気流の可視化実験の様子①

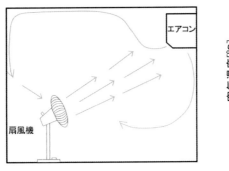
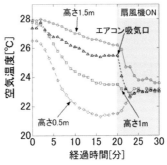

図II-1.11　扇風機によるエアコン気流の撹拌と温度の変化

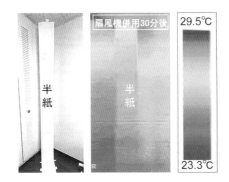

図II-1.12　半紙とサーモグラフィによるエアコン気流の可視化実験の様子②

上になっています。ところが、**図Ⅱ-1.12**のようにエアコンの吹き出し口に向けて扇風機の風を吹きつけると、左側の半紙の最も低温の（青い）部分が天井側に上がり、中央と右側の模造紙の温度が上のサーモグラフィより下がっています。また天井の表面温度が**図Ⅱ-1.10**の場合より下がっています。上のサーモグラフィではエアコンから斜め下にある左の半紙のある空間だけが強く冷やされていた状態でしたが、天井全面に冷気が拡散された後に右の模造紙がある空間まで到達するようになっているためです。

　エアコンの吹き出し口に向けて扇風機の風を吹きつけると、**図Ⅱ-1.11**右に示すように上下気温差は25分後には0.5℃以下になります。そのため、**図Ⅱ-1.12**に示す半紙の表面温度も天井付近と床付近とで大きな差がなくなっています。床の表面温度は扇風機の併用前より2～3℃上がっています。こうして足元や下半身を冷やしすぎることのない冷房方法が視覚的に確認できます。

▶ ポイント・注意事項

　放射温度計を使う場合は、あらかじめ半紙に格子を書き込んでおいて、格子内を温度ごとに決めた色について色鉛筆などで塗りつぶせば、手書きのサーモグラフィをつくることができ、現象の理解につながります。このように、エアコンの気流の下流側に何本か半紙を垂らして、その表面温度を放射温度計で測り、温度ごとに色を塗っていけば、現状での上下の温度分布が可視化できますし、扇風機やサーキュレーターを使った場合には、その上下温度がどう変化するかもまた可視化することができます。

　以上のように空気温度の可視化が手軽に行えれば、エアコンの気流にともなう不快感をなくすような工夫を容易に見つけられるようにもなります。

（2）放射冷暖房

　すでに他の節で述べましたように、暑さ寒さの感覚は空気の温湿度だけで決まるわけではなく、床・壁・窓・天井の表面温度も決定要因になっています。放射冷暖房は、そのような人体を取り囲む壁などの表面温度をコントロールするしくみで、床暖房を除くとまだ比較的レアな存在かもしれません。ここでは、放射冷暖房とはなにかを少しでも知っていただいて、住みこなし術の幅を拡げたいと思います。

■ 人類とのつきあいの長い放射冷暖房

　先史時代の人間は、洞穴の中に滞在することで雨風だけでなく、屋外の厳しい暑さ・寒さから身を守っていました。洞穴が人間の住まいの原型といってもいいでしょう。夏の場合を考えると、洞穴の入口から少しだけ内部に入った場所では空気温が洞穴の外とほとんど同じですが、洞穴の外と違って涼しく感じられます。入口の内と外とでは気温がほとんど同じですので、この涼しさは空気が与えているわけではありません。洞穴の壁が外より低温に保たれていることによって人体の放射放熱が促進された結果、涼しさが得られているわけです。冬の場合は、焚火からの放射だけでなく、洞穴の壁が外気や空よりも高温であるために、人体の放射放熱が過大にならずにすみ、温もりを感じることができるわけです。このように人体の放射放熱が夏に過小にならず、冬に過大にならないようにするしかけを放射冷暖房といいます。となると、洞穴は原始的な放射冷暖房と解釈することができますので、実は人類にとって放射冷暖房とのつきあいはエアコンよりずっと長いことになります。ちなみにエアコンは空

気の温湿度をコントロールすることによって人体の対流放熱（夏には蒸発放熱も）を適度に保つための装置ですので、対流式冷暖房装置といわれることもあります。

■ とりわけレアな放射冷房

　写真Ⅱ-1.29は、あるしかけを取り入れた住宅に学生が訪れた様子です。彼らは笑ったり、手を挙げたりしていて、一見すると異様に見えますが、心身ともに健康そのものの青年達です。実はレアなしかけとは天井放射冷房で、彼らは天井からの放射冷房効果をはじめて体感して驚いているのです。放射冷房の体感はエアコン冷房の体感からは想像できませんし、言葉ではとても説明できません。床暖房の気持ちよさをエアコン暖房しか知らない人に伝えるのは難しいのと同じです。ぜひ放射冷房の空間を体験してほしいと思います。

写真Ⅱ-1.29　あるしかけを取り入れた住宅に学生が訪れた様子。なぜ彼らは笑ったり両手をあげたりしているのか？

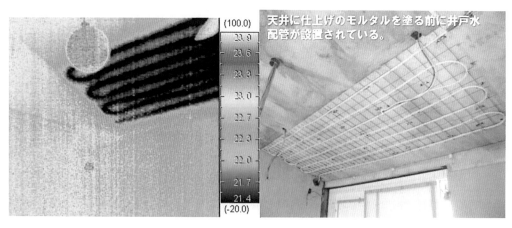

写真Ⅱ-1.30　レアなしかけとは天井放射冷房。天井に埋め込まれた冷水配管によって天井面が冷え、天井からの涼しさを青年たちは感じている。左の写真は天井などの表面温度分布、右の写真はモルタルで埋め込む前の天井冷水配管。

■ 放射冷暖房設備のしくみ

　図Ⅱ-1.13 はある放射冷暖房設備のしくみを表しています。冷暖房を行う部屋には、パイプやルーバーのようなものが並んだラジエーターが配置されていて、このラジエーターが夏には放射熱の吸収を、冬には放射熱の放出を行います。ラジエーターには屋外に置いてある熱源機から、夏に冷水、冬に温水が送られるようになっています。ラジエーターでの吸熱で温度が上昇した冷水は熱源機に戻され再度冷却されるようにポンプで循環されています。冬はラジエーターでの放熱で温度が低下した温水が熱源機で再加熱され、ラジエーターと熱源機の間を循環します。

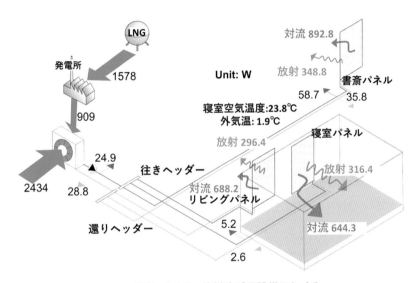

図Ⅱ-1.13　放射冷暖房設備のしくみ

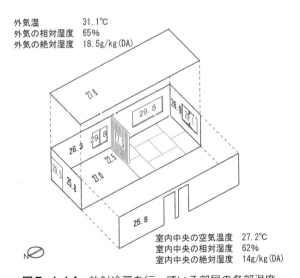

図Ⅱ-1.14　放射冷房を行っている部屋の各部温度

　図II-1.14 は、ダイニングとリビングのパーティションを兼ねて放射冷房用ラジエーターを導入した木造住宅の室内の各部温度を測った結果です。電動の熱源機(ヒートポンプ)によってラジエーターが表面温度 17.5 ℃にまで冷却された結果、さらに床・壁・天井・窓がラジエーターとの放射のやりとりで冷却され、それらの表面温度が外気温より低く抑えられています。

写真II-1.31　放射冷暖房用の合成樹脂製ラジエーター（写真提供：㈱Kei Society）

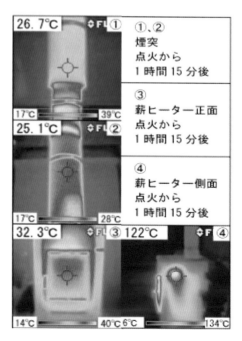

写真II-1.32　蓄熱式薪ヒーターの可視画像と熱画像（写真提供：NPO法人薪のある暮らし方研究会）

壁の表面温度は 25.8 ℃から 26.8 ℃、ラジエーターからの下降気流で冷やされた床の表面温度は 22.5 ℃になっています。この部屋で感じる涼しさは、鍾乳洞や高原で感じた爽やかな涼しさに近いものでした。

■ 薪ストーブも実は放射暖房装置

遠赤外線を放つことで周囲の壁や人体をあたためる装置が放射暖房設備ですので、炬燵、ストーブも放射暖房設備です。**写真Ⅱ- 1.32** は蓄熱式薪ヒーターという暖房装置です。ストーブは英語で調理用加熱機を意味するので、薪ストーブではなく薪ヒーターと呼ぶわけです。このヒーターによる暖房効果は、体の芯から暖まるような、やわらかい温もりが得られることです。これもエアコンやファンヒーターのような対流式暖房装置と異なる点です。

このような木質バイオマス燃料を用いる薪ヒーターでは、フロント・ドアから、燃焼室の内部で薪が燃える炎を眺めることができます。薪の炎は常に形を変えてゆらめき、その色もオレンジだけでなく、炎の外縁では薄いブルーを見ることができます。こういった薪の炎を眺めることで得られるリラックス効果と放射暖房効果、再エネ利用とが薪ヒーター導入の動機になります。

参考文献

1）野沢正光・甲斐哲朗・高橋達ほか：エコリノ読本——住まいをリノベーションしてエコな暮らしを手に入れる，新建新聞社，pp.83-87，2014

2）市川憲良・柿沼整三・高橋達ほか：最新版 最高にわかりやすい建築設備，エクスナレッジ，pp.170-182，2014.11

3）近藤大翼・小溝隆裕・伊澤康一・湯沢映子・高橋達・宿谷昌則：住宅の放射冷房に関する実測とエクセルギー解析，日本建築学会大会学術講演梗概集，D-2，pp.489-490，2000.9

4）深田悠平・高橋達：多管式樹脂放射パネルによる低温暖房と対流促進による暖房効果向上に関する実測調査，日本建築学会技術報告集，第 26 巻，第 69 号，pp.739-744，2022.6

5）高橋達・東急リゾートサービス：NEDO バイオマスエネルギーの地域自立システム実証化事業／地域自立システム実証化事業「里山エコリゾートのためのスローテクノロジー統合の地域木質熱利用システムの事業性評価(FS)」報告書，NEDO，pp.70-93，2016.3

【気づき】家電のエネルギーを知ろう

　身の回りの家電のエネルギー、気にしたことありますか？　快適に住みこなすだけではなく、省エネルギーへの配慮も重要です。家電のエネルギーを知り、省エネルギーに配慮した使い方をすれば、家計にも優しくなります。ここでは、そのエネルギーを知るための簡単な方法を紹介するとともに、夏に涼しく、かつ省エネルギーにも配慮した涼房設備の使い方について理解を深めていただきたいと思います。

■ エアコンの消費電力は扇風機の何倍？

　いきなりクイズです。エアコンが能力全開で動いているときの消費電力は、扇風機のおよそ何倍あると思いますか？
　・A社エアコン（リビング8〜12畳用）約50,000円
　・A社扇風機（リビング用）約7,000円
　同じメーカーの標準タイプの売れ筋製品で比べてみました。上記の価格は執筆時の某価格サイトでの最安価格ですが、エアコンは扇風機の約7倍の価格です。
　では、消費電力は？
　正解は、エアコン：770W、扇風機：38W（いずれもカタログ値）です。
　実に20倍以上の違いとなっています。もちろん、常にこの電力で稼働しているわけではありませんが、その違いは非常に大きいことがわかります。エアコンと扇風機を併用すると省エネルギーになるということを聞いたことがある方も多いと思いますが、扇風機をつけて体感温度を下げ、その分エアコンで冷やす時間を減らすことができれば、20倍以上の消費電力の差が生かせることになるわけです。この消費電力、実は家庭でも簡単に測ることができます。
　写真Ⅱ-1.33の機器は家電の消費電力を測定するもので、安いものは2,000〜3,000円前後から売られています。使い方は簡単で、まずは壁のコンセントに機器を取り付け、そこに家電のプラグを差し込むだけです。消費電力の他に、電気料金や二酸化炭素排出量に換

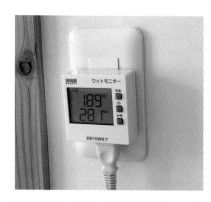

写真Ⅱ-1.33　消費電力を測定する機器

算した値が表示されるものもあります。200V 仕様のエアコンは測れない機器が多いですが、100V の家電は何でも測れますので、さまざまな家電の消費電力を測ってみると、強弱など設定の違いや、無駄使いを抑えるべき家電が見えてきます。とくに、冷蔵庫のように 24 時間動いている家電は、瞬間的な消費電力は小さくても消費電力量としては大きくなりますので、消費電力の小さいものに買い換えたり、節電の工夫を行うことは重要です。

　では、家庭の中でも消費電力の大きい家電の一つであるエアコンですが、その機種の違いや運転の仕方の違いで電力はどのように変わってくるのでしょうか。

　まずは機種の違いを見ていきたいと思います。先に挙げた A 社の製品は標準タイプですが、同じリビング用エアコンでも性能の違いは大きく、当然価格も大きく変わってきます。自動掃除機能やスマホ操作機能など高額の機種ほど多機能になっていますが、実は省エネ性能も高くなっているものがほとんどです。エアコンの省エネ性能を表す JIS 規格に APF（Annual Performance Factor）という指標があります。一定条件下でのエアコンの 1kW 当たりの冷暖房能力を表し、APF の数値が高いほど省エネエアコンになります。先に挙げた A 社の製品は標準タイプの APF は 5.8 でしたが、5.0 を切る低い機種から、上位機種では 7.1 のものや、一回り能力の大きなタイプ（11 〜 17 畳用）の上位機種では 7.7 のものもあり、エアコンの機種選びで省エネ性能は大きく変わることになります。省エネ性能は年々向上していて、古いエアコンを大事に使われている家庭では、エアコンを取り替えただけで電気代が半減するようなケースもありますので、エアコンを選ぶ際には機能だけでなく省エネ性能にも是非目を向けてみてください。

■ 冷房の連続運転は省エネ？

　次に、運転の仕方の違いではどうでしょうか。冷房運転の場合、28℃など快適な温度で安定した状態で連続運転すると、持っている能力の一部だけで温度維持ができますが、こまめに電源オフして温度が上がると、再起動した後でこれを下げるために能力をいっぱいに使います。もちろん、長時間切っていればその方が省エネですが、室内環境は悪くなります。建物の断熱・気密性能や遮熱（日除け）の性能、内部発熱（家電や人による発熱）によっても状況は変わりますので一概にいえませんが、某大手エアコンメーカーがマンションの部屋で行った比較実験（https://www.daikin.co.jp/air/life/issue/mission05/）では、「日中 9:00 〜 18:00 の時間帯は、30 分間であればエアコンを切るより、「つけっぱなし」にするほうが消費電力量は少なかった。」という報告がされています。一方で、24 時間つけっぱなしの実験では、設定された外出時間（計 4 時間）では、こまめに消す方が消費電力は少なくなる結果となっています。このように運転の仕方で冷房の消費電力量は変わってきますが、とくに日中は、こまめに冷房をオン・オフしすぎないことを心がけましょう。先に述べたエコワットなどを活用して、自宅で自分のライフスタイルに合わせた実験をしてみるのも良いかもしれません。

■ その他の省エネ対策は？

　もちろん、基本的な省エネ対策も忘れてはいけません。室内機のフィルターは、定期的な掃除を心がけましょう。フィルターが目詰まりすると、本来出るべき冷風の量が低下してしまうので、当然エアコンの効きは悪くなり、エネルギーも無駄に消費してしまいます。また、室外機まわりも重要です。室内の熱を冷媒で運び出し、屋外の空気に排出するのが室外機です。このとき、室外機は屋外の空気を吸い込んで内部で熱交換して排出しますが、室外機のまわりが物で覆われていると、空気の流れが悪くなって吸い込む空気の温度も高くなり無駄に電力を消費してしまうため、室外機のまわりには物を置かないようにしましょう。

1.3　夏の上手な通風の仕方

（1）通風の基本

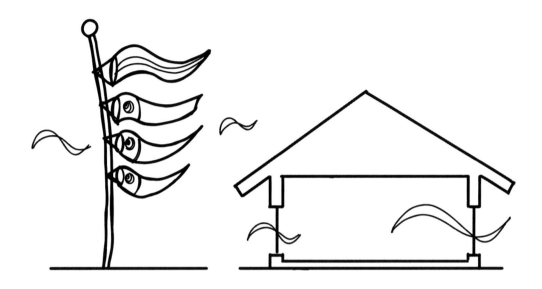

　夏に蒸し暑くなる日本では、木造の開放的な間取りの家で、通気性のいい素材や織り方の衣服を着て、風が弱ければ団扇や扇風機を使い、風鈴の音色でも風を感じ、打ち水や夕涼みし、蚊とり線香を焚く、といった通風を前提にした住まい方が一般的でした。それが、1960年代から日本の家庭にクーラー(当初は冷房専用)が普及し始めたことや、その後の住宅・設備の変化や社会・自然環境の変化、窓を開けにくい住宅事情や窓を開けない生活スタイルの拡がりによって通風を用いない住まい方も見受けられるようになりました（「Ⅰ-1 (3)　風は通る？ 通せない…?」参照）。しかし、通風で気持ちよく過ごせる季節には、それを積極的に味わいたいものです。ここでは、現代の過密化した住宅地や、壁が多くなり気密性能も向上した住宅、夏の猛暑や熱帯夜が増えている都市気候下における、通風の基本と住みこなし術を解説します。

■ 通風に適した外気温度を知る

　通風の機能には、
①人体の周りに自然風で可感気流を起こして体感温度を低下する（皮膚表面から空気中への対流と汗の蒸発冷却による放熱を促進）、
②室内の熱気を室外に排出する（排熱換気）、
③夜間等の外気温が低い時に屋外冷気を室内に取り入れる（外気冷房や夜間換気）、があります。通風で体感温度を下げるには、人体の皮膚表面温度よりも通風の空気温度が低く

なければなりません。皮膚表面温度はだいたい28〜30℃なので、通風時の気温は概ね28℃程度までが有効です。気温が28℃程度でも0.3〜0.8 m/秒程度の微風があれば、体感温度は快適な範囲に入ります。気温が皮膚表面温度よりも高温になると、汗が分泌されてその蒸発で体温の上昇が抑制されます（温熱性発汗）。うっすらと汗を掻いた時に一陣の風が吹いて汗が蒸発すると一瞬ヒヤッとした涼感が得られるものの、風が無いと蒸し暑い感覚になります。近年の過酷な猛暑では、通風で暑さを凌ぐのは困難で危険です。そこで、通風を適切に行うには、その土地の外気温をよく知ることが重要です。

　居住地の気象条件が通風に適する期間や時間帯を把握するには、最寄りのアメダス気象観測所の観測データ（気象庁ホームページ）が参考になります。たとえば、**図Ⅱ-1.15**は、東京の大手町にあるアメダス観測点の2019年8月における1時間毎の観測値[1]で描いた等温線図です。8/1〜8/18頃までの日中8時〜18時頃までは常に外気温が30℃以上で、通風で体感温度を快適範囲にするのは困難です。8/20以降になると、日中も外気温30℃以下の時間が増え、1〜8時であっても外気温20〜25℃の日も増え、通風や夜間換気のポテンシャルが高くなります。このように、日中と夜間の外気温度を把握することが、（日中と夜間の）通風と冷房の使用法を適切に選択できるかのカギとなります。

　実際の生活で通風する・しないは、自分の温熱感覚とともに、室内外の温度の測定値と天気予報を見て判断しましょう。とくに高齢者は加齢により温熱感覚が衰えるので、体感のみに頼ると熱中症の危険が高まってしまいます。具体的な道具は、室内置きの室内外温度計（無線式で2,000円程度）とスマートフォンの天気アプリが便利です。中間期や夏の外気温が高すぎない時には通風で自然の風を味わい、熱中症の危険が高い時には「通風をあきらめて冷房を使用すること」も上手な通風の仕方です。

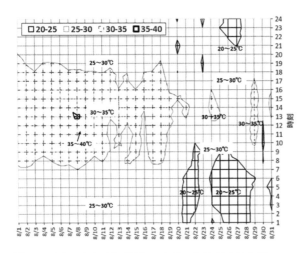

図Ⅱ-1.15　東京（大手町）の8月の毎時刻の外気温

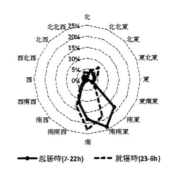

図Ⅱ-1.16　東京（大手町）の8月の昼と夜の風向

■ 建物に風を取り入れる工夫

　夏の28℃程度の気温と放射温度（表面温度）において、軽装で座っている場合に、身体の周りに0.3〜0.8m毎秒程度の気流速度の微風があれば、体感温度は快適範囲に入ります。通風による室内の風速は屋外の風向・風速と関係するので、その場所における屋外の風向・風速の特徴を知り、風を室内に導く工夫をします。

　風向は、気象データや天気アプリで把握します。**図Ⅱ-1.16**は、東京の大手町にあるアメダス観測点の2019年8月における1時間毎の観測値で描いた、起床時と就寝時間帯の風向の出現割合の風配図です。この場合は、昼夜ともに南風が主風向ですが、土地によって異なります。

　建物に屋外の風を取り入れるには、主風向に対して風上側と風下側の窓を開けるのが効果的です。その理由は、建物に外部風があたると、風の運動エネルギーの一部が建物外表面で風圧力に変わり、風上側では壁を押す力（正の風圧力）が、風下側では引っ張る力（負の風圧力）が生じて、正圧側と負圧側に開口部を設けた時の圧力差が通風の駆動力になるからです。

　図Ⅱ-1.17は、平らな土地に単独で建つ単純な形の建物に対して、矢印のように壁に正対して風が吹いている場合の、建物の各面における風圧力の分布の一例です。風圧係数は、建物が無い場合の風の運動エネルギーを基準（＝1）としたときの、風圧力の比率です。この図から、風上側の壁と風下側の壁や屋根の窓を開けると建物内を風が通りやすいことがわかりますが、正圧側だけや負圧側だけの窓だと風はよく通りません。

　図Ⅱ-1.18は、建物の一壁面に対して、風向が正面から変化した場合の風上側と風下側の風圧係数の変化です。風向が正面から30°振れても風圧係数は変わりませんが、風向が45°と60°では風上側の正の風圧力が大きく減衰して、75°は0となり、90°では風上も風下も負圧で、外部風はうまく取り込めなくなります。

　ただし、外部風の風向・風速は、周辺の地形や建物の影響を大きく受けて変化や減衰するので、予想が困難です。風向は、建物が密集する市街地では、その地域の主風向（気象台の風向）と建物周りの風向が一致しないことも珍しくありません。また、主風向に対して

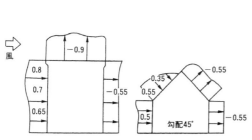

図Ⅱ-1.17　単体の建物の周りの風圧係数[2]

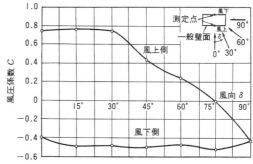

図Ⅱ-1.18　風向による風圧係数の変化[2]

正面に窓を設けたり開けにくい場合もあるでしょう。

　風向が壁（窓）に対して90°に近い場合や風向がめまぐるしく変化しても、風を取り込みやすい窓の種類が、**図Ⅱ- 1.19** の縦すべり出し窓です（ウィンドキャッチ窓ともいう）。**図Ⅱ -1.19** のように、縦すべり出し窓の場合は、壁（窓）の面に対して平行な風向の風をすべり出した窓面でつかまえて、風向を変えて

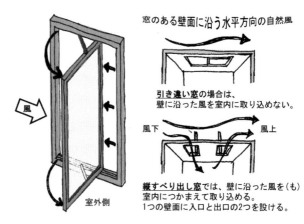

窓のある壁面に沿う水平方向の自然風

引き違い窓の場合は、
壁に沿った風を室内に取り込めない。

風下　　　　　　　　風上

縦すべり出し窓では、壁に沿った風を（も）室内につかまえて取り込める。
1つの壁面に入口と出口の2つを設ける。

図Ⅱ-1.19　通風しやすい住宅用窓の「縦すべり出し窓」

室内に導入します。これは、同じ壁に複数個の窓を連窓として配置して、一つの部屋の一つの壁面に風の出入口を設けて、効率的に通風・換気することもできます。もちろん壁に正対する風向の風も取り入れられるので、あらゆる風向に対応します。

　通風時の長所は、窓の開口幅を狭くすると、室内からの子ども等の落下防止や屋外から侵入の防犯になります。一方で短所は、強風に煽られること、雨に降られるとガラスの室内面も濡れるので窓を閉める時に拭く必要があります。ちなみに、風圧係数の図からは、屋根が負圧になるので、台風などの強風で屋根材が飛ばされやすいことがわかります。また、築年数の経った木造住宅など、気密性能が低い場合には、冬は夏よりも外部風が強いことが多いので、建物の風上側と風下側の隙間から外部風が出入りする隙間風換気量が大きくなり、暖房効率が悪くなることがわかります。

■ 室内に風の通り道をつくる

　通風は、外部風を直接窓から建物内に取り入れて、室内に風の流れをつくり出して、通風の出口まで導くことで、室内を風が通る道筋のことを通風輪道や通風経路と呼びます。通風の目的である可感気流で体感温度を下げるには、居住者がいない場所を風が流れていても意味がなく、居住者が滞在する場所に適度な風速の風が通るように、窓の配置や室内の開口や家具の位置などを考えます。さらに、模様替えで家具などを動かして、室内の風の通り道に滞在場所を移して通風の効果を高めることも一つの手段です。通風輪道の風の気流速度は、屋外の風速と相関します。そして、屋外の風速に対する室内の気流速度の比を通風率といいます。

　建物内の部屋から部屋への通風経路をつくるのには、部屋の扉は開き戸より引き戸の方が便利で安全（開けた状態で邪魔にならず、風で勢いよく閉じたりしない）です。ドアの上に通風用の欄間窓を設ける方法もありますが、この場合冷暖房時には閉じられて冷暖房の熱

損失を生じないことも必要です。

　窓の開口面積が大きいほど通風量が当然増しますが、通風の入口側と出口側の開口の大きさのバランスは、出口側の面積を大きくする方が通風率は高くなり、可感気流が強まるので、涼感も増します。これも通風にまつわる住みこなし術の一つです。また、通風で得られる風が弱い場合には、扇風機を併用しましょう。

■ 無風時の温度差換気

　夏場には、在室者の代謝熱と家電設備からの内部発熱、窓からの採光にともなう日射熱の取得により、防暑に配慮していても室温は上昇します。その一方で、夜間に外気温が低下して、室温が外気温よりも高くなるときがあります。こうしたときに、外部風があれば通風で空気の入れ替えが速やかにできますが、無風の場合でも室内外の空気の温度差（異なる温度の空気の密度差による浮力）を駆動力とした温度差換気によって、室内の熱気を排出し（排熱換気）、屋外の冷気を誘引して室温を低下させる夜間換気ができます。これは、燃焼器具の煙突の原理と同じで煙突効果とも呼ばれ、室内外温度差が大きいほど、空気の排出口と流入口の鉛直方向の高さがあるほど、空気を動かす駆動力が大きくなります。

　煙突効果を利用しやすい条件は、吹き抜け空間や階段室など高さのある空間があり、その上部と下部に通風に使える窓や通風・換気口があること、建物の断熱気密性が高いこと、外気温の日較差が大きくて昼の気温は高くても夜間に外気温が下がることです。ただし、建物の断熱気密性能が十分に高くないと、煙突効果が生じやすい建物の形状は、冬季の温熱環境と暖房の省エネにとって大きなマイナスになります。

　図II-1.20 は、室内外温度差（室温＞外気温）によって生じる圧力分布です。図の中性帯は室内外の圧力差が0になる位置です。この場合、住宅の上部にある高窓や天窓（中性帯高さより高い窓）を開けると、室内の温かく軽い空気が窓から屋外に出て行き、同時に住宅の足元や1階の側窓（中性帯高さより低い窓）を開けると、低温で重い冷気が屋外から室

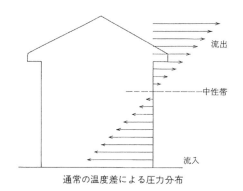

通常の温度差による圧力分布

図II-1.20　室内外温度差による圧力分布（室温＞外気温の場合）[3]

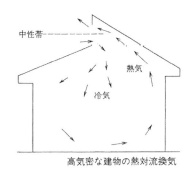

高気密な建物の熱対流換気

図II-1.21　高断熱高気密住宅の高窓による温度差換気 [3]

内に引き込まれます。また、**図Ⅱ-1.21**は、とくに高断熱高気密な住宅の場合で、上部の高窓のみを開ければ、その開口部に生じた中性帯の上部から室内の熱気が排出されて、同じ開口部の下部から屋外の冷気が室内に引き込まれます。この場合は、上部窓しか開けないので、夜間の防犯の安全面も高まります。この温度差換気に適した住宅のプランは、都市型住宅の採光手法にも共通するので、通風と採光の両方でメリットがあります。

■ 建物外部の微気候デザインで通風の取り入れ口に低温の空気をつくる

通風で室内に導く風が、熱風ではなく、なるべく涼風を取り入れられるような工夫も大事です。建物の風上側や、空気の取り入れ口となる窓付近の屋外に植栽・水辺や日陰をつくれば、そこの空気の温度を数度下げて、室内に取り入れることができます。建物周囲で日当たりがよいアスファルト・コンクリート・タイル等がある、エアコンの室外機からの排熱がある、風通しが悪いといった要因が空気温度を押し上げることになるので、通風の空気の取り入れ口がそうした状態になるのを避けたり、改善策を講じましょう。集合住宅でも、ベランダの外に日除けや緑のカーテンを設けたうえで散水すると、効果的です。これらの建物外部のちょっとした、でも繊細な工夫を微気候デザインといいます。

参考文献
1) 気象庁：過去の気象データ（https://www.data.jma.go.jp/obd/stats/etrn/index.php）より筆者が作成
2) 日本建築学会編：建築環境工学用教材 環境編 第4版, p.107, 丸善出版, 2011
　 日本建築学会編：建築計画パンフレット18, 換気設計, pp.50-51, 彰国社, 1976
3) 日本建築学会編：建築教材 雪と寒さと生活Ⅰ 発想編, p.55, 彰国社, 1995

【気づき】スモークテスターで空気の流れを可視化する

▶ 概要：

　室内空気の換気の重要性は近年、認識が高まっています。空気は目に見えないので、室内の空気中にトレーサーとなる白煙を吹き出して、その煙の動きを観察することで、空気の流れを可視化できます。私たちは通風のような可感気流は肌（の触覚）で圧力を感じますが、肌の感覚ではほとんど感じない程度のかすかな気流の向きをこの方法を使うと可視化できます。

　窓や戸の開け方のパターンや換気扇の運転と室内各部の空気の流れ方（気流の速さと向き、滞留、通風経路）を観察することで、気象や建物の条件に応じた上手な通風や換気（汚染物質の排出、新鮮外気の導入）を考えられます。また、冬季には、断熱の弱い壁や窓の室内表面からの冷気の下降流（コールドドラフト）の足もとへの滞留や各部のすきま風（冷気侵入と暖気漏れ）の発見、その対策効果の可視化にも有効です。

▶ ポイント・注意事項

- 気流を可視化するための白煙として、まず線香の煙が思い浮かぶでしょう。線香は身近で安価に入手が可能ですが、その煙自体が熱や煙の粒子の性質で上昇・拡散するように動く性質があるので、水平方向の気流の可視化には使えるものの、暖気の上昇流ととくに冷気の下降流の可視化には使えません。そこで、気流を可視化して観察するための実験道具として「スモークテスター」という発煙器具を用います。この煙には発熱がなく、無風の場合には白煙がその場で漂うので空気の滞留や、冷気の下降流も観察できます。
- スモークテスターの白煙には有害な塩化水素ガスが含まれるので、煙を吸引しないなどの取り扱いの注意事項を守って使用してください。
- 線香を使う場合は、煙が出るタイプを選び（煙が出ない・少ないタイプが増えているので要注意）、火の始末とやけどに注意してください。

▶ 必要なもの

（1）実験用の発煙器具

　　発煙器具は「スモークテスター」や「気流検査器」という名称で、消耗品の「発煙管」と一緒に使います。器具のゴム球に、両端をカットした発煙剤入りのガラス管を挿し込んで、ゴム球を指でつまんで一定間隔で押すとガラス管から白煙が断続的に噴出します。器具はゴム球などのセットが約

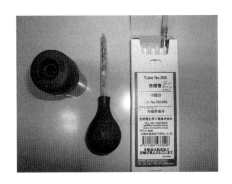

写真 II-1.34　実験用の発煙器具

3,000円（ゴム球だけなら約1,000円）。消耗品の発煙管10本入りが約3,000円で、大型ホームセンターなどの理化学用品や通販サイトで購入可能です。

（2）チップホルダ

発煙器具の使用時にあると便利です。ガラス製の発煙管の先端を安全に折り取って収納する道具のことです。

▶ 実験1：通風・換気の気流の観察
▶ 所要時間：20〜30分程度

▶ 手順

①部屋の窓・戸を閉め、換気扇と空調機・扇風機なども停止した状態で、室内の中央や室使用者の居場所で、空気の流れを感じるかを確かめます。

②窓や戸の開け閉めや換気扇の運転・停止の組み合わせ方のパターンをあげて、通風や換気がより効果的に行える順番や、空気の流れの強さの順位や気流の向きを予想してもらいます。

③発煙器具や線香を用意します。

④部屋を上記②で予想したパターンにして、その時の空気の流れの感じ方、白煙を用いて空気の流れや出入りを観察した結果を記録します。通風や換気の効果が弱いと予想した順番に確かめてみましょう。たとえば、最初は一つの窓や壁の一方向の窓のみを開けた条件、次に最初の窓と別の面の窓や戸を開けた条件などです。

⑤白煙での気流の観察は、上記①の室内の中央や室使用者の居場所で白煙を空気中に吹き出した場合と、開けた窓や戸の付近で吹き出した場合で観察します。

＊窓や戸での空気の出入りを観察する際には、窓や戸の上部〜中央部〜下部と開口部断面において高さを変えて気流を観察してください（この点は、下記の理由から現象を理解するうえで重要です）。

■ 温度差換気の原理

外部風がなく、窓や戸を1か所しか開けていない場合でも、室内外の空気に温度差があるとき、開口部の上部では、気温が高い側から低い側に向かって空気が流れる、中央部では空気の移動がなく、下部では上部とは逆に気温が低い側から高い側へ空気が流れます。このように、室内外の温度差を空気の駆動力として、一つの開口部の上部と下部とで空気の出入りが生じて換気が行われる場合もあります。

ただし、1か所や1面の窓の開放では窓から離れた場所の換気が行われにくいので、1か所の窓で換気効率を上げるには、窓の下部から入った外気が室奥に流れて、室奥に滞留した空気を窓の上部に送るように、扇風機やサーキュレーターによって窓側と室奥との間で空気を循環させるとよいでしょう。この温度差換気の能力は、冬季の暖房時など、室内外の温

度差が大きいときほど大きくなります。

【気づき】 水平の空気の流れを可視化する

▶ 概要：

　風は目に見えませんが、その正体は空気の流れです。水の流れと同じように入口と出口が
なければ、敷地や建物に空気が流れることはありません。あたりまえのようですが、建物の
内部にいて、そのことを意識することがないため、風が流れにくい間取りや窓、換気扇の上
手な使い方に意外と気づけないものです。ここでは、住宅や学校の教室で、簡単に風の流
れる原理が理解できる方法を紹介します。夏の朝晩など外気が涼しい時間に上手に部屋に風
を通す（通風する）方法を知り、自然風を活かした涼しい生活スタイルの実践につなげてい
ただきたいと思います。

▶ 実験1：今いる建物を使って風を可視化しよう
▶ ポイント・注意事項
- 風の流れを観察しやすいビニール紐の本数は5～10本です。
- 屋外の風向きも観察してください。

▶ 必要なもの
　(1)　ビニール紐
　(2)　はさみ
　(3)　粘着テープ

▶ 所要時間：20分程度

▶ 手順
　① 対象となる部屋の天井からビニール紐を垂らします。ビニール紐は天井から床上1mぐ
　　らいの高さ（風の流れをみたい高さ）になる長さに切り揃えます。ビニール紐は**写真II
　　-1.35**に示すように、窓の付近や扉の付近、部屋の中央など、風の流れが見やすいよ
　　うに配置します。あまりビニール紐が多すぎても観察が難しくなります。屋外の風の向き
　　も確認しながら、室内に流れる風の様子を観察できるように、窓の外側にもビニール紐
　　を設置します（**写真II-1.35**）。
　　扉を閉めて窓のみ開けた場合（ビニール紐は静止）、次に扉を開けた場合（ビニール紐
　　は動き出します）でビニール紐の動きにどのような変化があるかを観察します。窓や扉

以外の隙間があると、そこから空気が漏れて風が流れてしまうので、窓と扉以外の隙間はできるだけふさぐようにしましょう。また、対象とする建物周辺の屋外の主風向をある程度把握しておいた方が、実験を成功させやすいです。

写真II-1.35　会議室で揺れるビニール紐を観察。屋外の風向きもビニール紐で確認

▶ 実験2：模型を使って風を可視化しよう

　天候不順や無風のときは、前述の実験1のやり方はできません。身体感覚で理解しにくくなりますが、模型を使って気流を可視化して、窓開けの試行を自ら行うことで、風の流れる原理や風通しのしくみの理解につなげることができます。**写真II-1.36** は教室の模型です。ビニール紐は3mm程度の幅にして、実物大のときと同じように気流の流れが見える位置に設置します。模型の上面は内部が観察できるよう透明板として、取り外しができるようにすることで、家具配置など内部の条件を変更しやすい造りにしておくとよいでしょう。サーキュレーターなどで一定の風量を模型の外側から与えながら、窓や扉を開ける実験を行います。

写真II-1.36　窓だけ開けても動かなかったビニール紐が、斜向かいの扉も開けると動き出します

一般の参加者には、住宅の一室を模した模型を用いると、より理解を得られやすいでしょう。

▶ 必要なもの
（1）ビニール紐
（2）はさみ
（3）粘着テープ
（4）部屋の模型

▶ 所要時間：20分程度

▶ 手順
①ビニール紐を3mm程度の幅にして、実物大のときと同じように気流の流れが見える位置に設置します。
②サーキュレーターなどで一定の風量を模型の外側から与えながら、窓や扉を開けて、風の流れ方の違いを観察します。

【体験】模型で温度差換気や水平方向の通風に気づく

▶ 概要：

　「通風の基本（pp.97〜102）」で解説した温度差換気は、外部風がないかまたは弱い状況や、市街地で建物が立て込んでいて水平方向の通風が有効でない状況でも温度調節のための「排熱排気」や「外気冷房」、「自然換気」を行える手法ですが、身近な実際の建物では観察できる場所がないかもしれません。そこで、簡単な模型を作成し、それを用いて気流の可視化実験を行い、温度差換気の手法・機能・効果的に行える条件を学習してみましょう。

　また、同じく「通風の基本（p.100）」で紹介した窓面に平行な風向の外部風でも通風しやすい「縦すべり出し窓」の空気の流れについても模型実験で観察できます。

▶ ポイント・注意事項

- 温度差換気は、室内外の温度差と室内の上下方向の温度差が大きくついている方が空気を動かす駆動力が大きくなるので、建物を外部から照射して暖めます。
- 模型実験において、白煙を吹き出す場所は、発煙管の白煙を室内の中央部だけでなく、空気の出入り口となる開口部の付近（すぐ外や窓近くの室内）や、空気の流れがあると思われる部分にも白煙を吹き出して、空気の動きをよく観察してみましょう。
- 白煙の吹出し方は、勢いよく噴出せずに、ゴム球を弱く押さえて白煙をその場に置く感じにしたり、空気の流れと逆向きに弱く吹き出してみましょう。
- 実験ポイントを行う模型の周囲では、部屋の通風、空調、扇風機などの影響による余計な気流が発生しないように注意してください。

▶ 必要なもの

住宅模型（温度差換気）実験用の模型材料

（1）スチレンボード（厚さ5mm）

　5mm厚のスチレンのボードの両面にケント紙を貼って加工しやすくした建築模型作成用の材料です。大型の文具店・画材屋や通販サイトで購入できます。スチレンボードの替わりに厚紙や段ボール等で作成してもかまいませんが、スチレンの板は断熱性のある素材なので、スチレンボードで作成した部分は断熱性能のある外壁・屋根・床になります。段ボールも中空層が断熱材の役割を果たします。

（2）黒画用紙

　煙を見やすくするために室内の壁に貼りつけてください。

（3）透明のプラスチック板（0.5mm厚）

　中の様子を観察するために、壁のうち一面を透明にしてください。

ペットボトル（通風）実験用の模型材料

(1) 500mℓサイズ以上のペットボトル

　　水平方向の通風の実験用として使います。四角い形状がお勧めです（横に寝かして置き易く、窓を模した穴を開ける目安になる凹凸があるとよいでしょう）。

(2) 油性黒マジック

　　ペットボトル模型の床面を外側から塗って白煙を見やすくします。

工作道具

(1) カッター

(2) カッティングマット

(3) 金定規

(4) 糊・テープ類

その他

(1) デジタルサーモテープ（液晶温度計）

　　温度によって色が変わるシール状の温度計で、貼りつけて使えます。これが無くても実験はできますが、温度差換気の実験の模型内部の上部と下部および外部などの各部に貼りつけて温度差換気の駆動力を生み出す各部温度を確認します。

(2) クリップライト等の照明器具

　　住宅模型実験で使用します。太陽放射などの室内空気を暖める熱源と見立てて、住宅模型の外部から照射します。ここでの例では200Wのハロゲン電球のレフランプを使ったクリップライトを使用しています。加熱効果（太陽放射の目に見えない赤外放射成分）が必要なため、蛍光灯やLEDは使用できません。ランプの必要ワット数は模型の大きさ等により異なります。模型室内に小型電球等を入れる方法もありますがやけどや火事に注意してください。

(3) 携帯型扇風機（小型の扇風機）

　　風力換気の外部風に使用します。

(4) 懐中電灯など

　　照らして模型内部の白煙を見やすくします。この用途としては、LEDライトがいいでしょう。

(5) 発煙器具（スモークテスターと発煙管）

　　ペットボトル実験の場合は線香でもかまいません。

▶ **実験1：住宅模型を用いた温度差換気の気流の可視化実験**

▶ **所要時間：20分程度（模型の制作時間は除く）**

▶ 手順

①模型を作成してください（**写真Ⅱ-1.37**）。開口部は取り外して開け閉め状態を模擬できるように工作します。

②模型の窓を開けた状態にし、(1) 模型をライトで照射して加熱していない、(2) 携帯型扇風機で外部風を与えていない状態で、模型の室内中央や開口部付近に白煙を吹き出し、空気の流れがないことを確認します。

③携帯型扇風機で模型に外部風を当てて、模型室内と開口部付近の空気の流れを調べます。窓の開け方を変えてみたり、模型に対する外部風の風向きを開口部に正対や平行にしたり、建物が密集している想定で扇風機の風の高さを上部や屋根の上あたりに変化させて観察してみましょう。

写真Ⅱ-1.37　温度差換気実験の住宅模型窓は、切り取った壁の取り外しで開閉を変更

写真Ⅱ-1.38　ペットボトル模型　左から1面開口、対向の2面開口。右が「縦すべり出し窓」

column コラム

季節の風向を調べてみよう

　ご自身の住まい周辺では季節毎にどちらから風が吹いているでしょうか、窓はどちらの方向にあるでしょうか。冬は「〇〇おろし」など脅威をもたらす風には名称がつき、その地域の人ならたいてい、その風の吹く方向は経験的に知っているものです。しかし、春風や初夏の風など心地良い風については知らないものです。ここでは、比較的に容易にご自身の住まいの周辺の風が吹く方向（風向）を知る方法をご紹介します。

気象庁　過去の気象データ検索（http://www.data.jma.go.jp/obd/stats/etrn/index.php)

気象庁のホームページの「各種データ・資料」/「過去の気象データ検索」のページで国内各地の気象データを検索することができます。「風向」を測定している観測所は多くはありませんが、調べたい地域に最も近い観測所の風向を探してみてください。「地点の選択」をした後に、「データの種類」として「年・月ごとの平年値を表示」を選択してください。その地点の各月の最多風向の平年値を確認することができます。ただし、風向を測定していない観測地点の場合は表示されません。

図II-1.22　風向・風速データ（横浜）の検索結果（気象庁HPより）

（2）窓の開けにくさとどうつき合うか

　隣人がエアコン嫌いで窓開け・通風をしている場合、我が家の騒音が伝わらないようにするのが大人のマナー。騒音の伝わる原理を理解して、隣人の通風のための障害をなくす配慮も必要です。音環境に関する知識があと少しあるだけで、お互いにより快適に暮らせます。そのような生活の知恵を紹介しましょう。

　窓を開け放つ機会が多い夏、問題となる空調騒音は、室外機から発生した排熱ファンの音が近隣住戸に伝わる空気（伝搬）音と、室外機の振動が建物に伝わる固体（伝搬）音の2通りがあります。戸建て住宅はもとより、とくに集合住宅の場合、固体音の振動伝搬が他住戸に及ぼす影響が大きく、これらに対して丁寧に対応していくことが騒音トラブルの解決への道のりとなります。

■ 屋外伝搬音（空気音）の防止方法は？

1) エアコンの室外機の設置位置を隣接住戸からできるだけ離しましょう。

2) 排気方向に注意しましょう。台所の換気扇の取り付け位置も要注意です。排気ファンが隣のリビングや寝室方向に向いていると、音のみならず、臭いまでもまき散らすことになります。建物設計時の近隣への配慮も必要です。

3) 室外機の周囲に遮音用の衝立などを設置しましょう。この場合、排気に悪影響を及ぼさない程度に気をつけてください。お隣さんが、エアコンが苦手で窓開けや扇風機で過ごしている場合もあります。衝立を設置して遮音することで騒音が低減され、ご近所への心遣いも形になって現れ、好意的な感情を育むことにも繋がるかもしれません。

■ 振動伝搬（固体音）の防止方法は？

1) 建物への振動伝搬を防止する方法としては、エアコンの室外機脚部への適切な緩衝材（防振ゴム等）の挿入を行いましょう。

2) 室外機のみならず、室内機と室外機とを結ぶ配管類が固体音の経路になる場合があり

ます。その場合には、壁貫通部に配管が接触しないよう防振処理をするなど気をつけましょう。室外機を天井に吊り下げた場合、躯体への取り付け部に、防振処理した継手を使用してください。

3）エアコンを新たに購入される場合は、"低騒音型"を選定しましょう。

■ その他の外部騒音の遮音対策とは？

　夏の風鈴も時として騒音になります。夜には部屋にしまうようにしましょう。また、季節の終わりには、忘れずに取り外して下さい。その他の外部騒音に対する遮音対策は、その音が最も透過しやすい部位、つまり窓などから対処していきます。騒音の種類やその室に求める"静けさ"の程度により異なりますが、窓の遮音性能向上に対する基本的な事項を示します。（サッシの遮音等級：JIS A 4706 参照）

1）一般にガラス厚は厚いほうが好ましいのですが、厚さにより音が透過しやすい音域が存在しますので、対象となる騒音の主な音域と一緒にならないよう注意する必要があります。

2）サッシの場合、密閉度が高いものほど遮音性が良くなります。

　　はめ殺し窓（固定窓）＞片引き窓（片側固定）＞引き違い窓

3）非常に高い遮音性を必要とする場合は、150mm 程度以上の間隔を確保して「二重サッシ」とすることが望ましく、ガラス厚さを内外で変えることで適切に遮音性を高めることができきます。

■ 受けて側でできる防音対策は？

1）部屋の用途を変えたり、開口部からの騒音が気になりにくい部屋の配置にします。

2）BGM をかけて、生活音をマスキング（かき消すこと）します。

3）窓に防音カーテンをかけたり、防音型換気口に変更することも考えられます。ただし、防音カーテンは、低音域にはほとんど効果がありませんので、気をつけてください。

　以上、空調騒音対策についてお話しましたが、もっとも大切なことは、これらの技術を学ぶことはもちろん、「他人へのおもいやり（誠意ある対応）」と「近隣との円滑なコミュニケーション（関係の改善）」であると思われます。窓を開け放つ機会が多いシーズンには、クレームに発展する前に、音が伝わる可能性のある近隣住民の身になり、適切な対策をすることで、マナーを守ってお互いに気持ちよく暮らしていきたいものです。

■ 窓の防音対策事例

　筆者宅で付設した「内窓の設置例」をご紹介します。隣接するアパートや近隣へ騒音公害とならないよう気兼ねなく楽器の練習ができることとあわせ、断熱効果や結露防止にもなるため、室内側に1枚、窓を追加しました。窓外の騒音が室内では図書館なみのレベルまで低減、体感で断熱効果を確認し、結露防止にも寄与していることがわかりました。現地で

の施工時間は、1時間。QOL（生活の質）が向上し、気兼ねなく演奏ができるようになりました。

写真Ⅱ-1.39 外付けブラインド＋旧窓＋内窓

写真Ⅱ-1.40 内窓施工の様子

【体験】騒音とその対策につながるプログラム

▶ 概要：

音は目をつぶっていても、音を出しているものに背を向けていても、眠っているときでさえ聞こえるとても身近なものなので、気にしなければ気にならないことも多いものです、ひとたび気にし始めると、ずっと気になってしまうものでもあります。定常的に鳴っている意味をもたない音、たとえばエアコンや換気扇の音などは、最初は気になっても次第に気にならなくなり、止めてみると急にシーンとした感じをおぼえたりします。ところがこういった定常的な騒音も、一定のレベルを超えた大きな音だったり、体調が悪かったりすると急にうるさく感じることがあります。ここではそんな音について、簡単に体感できるプログラムを紹介します。

▶ ポイント・注意事項
• 耳をセンサーにして、しっかり音を聞きましょう。

▶ 必要なもの
(1) メモ用紙
(2) 筆記用具
(3) 簡易騒音計、または、騒音計アプリ
(4) アクリル、スチレンボード、ダンボールでできた同じ大きさの箱3個

(5) 音の出るおもちゃ（スマートフォンのアラームや音楽などでも可）

(6) 粘土

▶ **実験 1：まず音をしっかり聞いてみる**

▶ **所要時間：10 分程度**

▶ **手順**

① 部屋の中をなるべく静かな状態にします。そして窓を大きく開けます。外からどんな音が聞こえてきますか？　聞こえてくる音を紙に書き出してみましょう。

② 窓を少し閉めて 10cm くらい開いている状態にします。聞こえてくる音はどのように変化したでしょうか？

③ ぴったりと窓を閉めます。紙に書き出した音の聞こえ方がどうなったか、一つひとつ感じ取ってみましょう。

 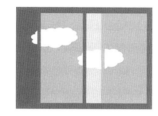 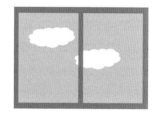

図II-1.23
窓を大きく開けて外からの音を聞く

図II-1.24
10 cm くらい残して窓を閉めて聞こえてくる音の変化を確かめる

図II-1.25
ぴったりと窓を閉めて音の聞こえ方を感じる

「窓を開け閉めして、音をしっかり聞いてみる」。たったこれだけのことですが、窓がどのくらいの音を遮っているのか実感できるはずです。

窓の開閉による音の変化を感じた後は、簡易の騒音計や騒音計アプリを使って騒音レベルを測ってみましょう。まずはエアコンの室外機から。エアコンの室外機がどのくらいの音を出しているのか、室内にいるとほとんど気にならないため考えたこともないのが普通でしょう。でも室外機は結構大きな音を出しています。

▶ **実験 2：エアコン室外機の騒音を測ってみる**

▶ **所要時間：10 分程度**

▶ **手順**

　① エアコンの室外機の正面 1 m くらい離れたところで騒音レベルを測ってみましょう。

　② 2 m 離れるとどのくらい下がりますか？

　③ 4 m 離れるとどうでしょうか？

　④ 最後に、騒音レベルが 10 dB 小さくなるのはどの地点かを探してみましょう。

　簡易騒音計や騒音計アプリは精密騒音計と違って騒音レベルの目安がわかる程度の精度ですが、相対値は正しいと思って問題ありません。騒音レベルが 10 dB 小さくなるには、エアコン室外機から結構離れる必要があることがわかると思います。

　次に、音を遮るためにはどのような方法が良いのか体感してみましょう。

写真Ⅱ-1.41　エアコン室外機から 1m の
騒音レベルを測る

写真Ⅱ-1.42　騒音レベルが 10 dB 小さく
なるのはどの地点か探す

▶ **実験 3：三つの箱と粘土を使った遮音実験**

▶ **所要時間：10 分程度**

▶ **手順**

　①アクリル、スチレンボード、ダンボールの三つの素材でできた同じ大きさの箱を用意します。

　②音の出るおもちゃや音が出ている状態のスマートフォンに三つの箱をかぶせ、外に漏れて聞こえる音の違いを耳で確かめます。

　③簡易騒音計や騒音計アプリを使って音の大きさを測り、比較してみましょう。

　④粘土を使って、より箱の外に音が漏れないように工夫してみましょう。

　粘土で箱のつなぎ目や机と箱の接するところなどの隙間をしっかりふさぐと、高い音が漏れにくくなることがわかると思います。一般的に低い音を遮るのは難しく、高い音は隙間をなくして遮ればほとんど漏れなくすることができます。

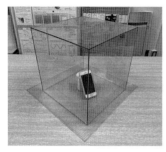
アクリル製

スチレンボード製

ダンボール製

写真II-1.43　素材の違いで音の聞こえ方はどのように変わるのだろうか

1.4 涼風のつくり方・誘い方

（1）窓開けのタイミングと夜間換気

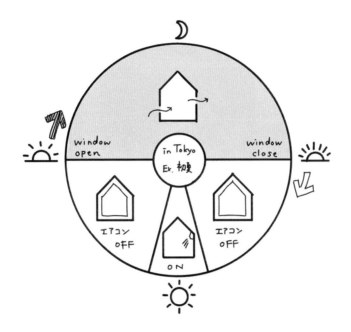

　外気温が35℃を超えるような猛暑日の日中には窓を開けても熱風しか入ってきませんが、暑さが多少和らいだ日の夜や、郊外部で夜間に気温が下がるような地域では、夜間換気が有効です。日中建物に蓄えられた熱を夜間に除去する（パージ：purge）ことから、「ナイトパージ」とも呼ばれます。このナイトパージを効果的に実践するには窓開閉のタイミングが非常に重要になりますが、上手に実践できている人は少ないようです。このナイトパージの効果がどれほどのものか、どのような窓開閉を行えば効果的なのか、実測調査の事例とともに見ていきたいと思います。

■ 風の通り道を考える

　涼風を取り入れるためには、前節でも紹介されていたように、まずは風の通り道を考えることが重要です。風を流すには入口と出口が必要になるので、おおよその風向きがわかっていれば、風上側と風下側の壁面にある窓をそれぞれ開け、その経路の途中のドアは開けておくと効果的です。また、暑い空気は上部に溜まるため、階段室や吹き抜けが利用できるようであれば、1階の窓から涼風を取り入れて2階窓から出すようにするのも有効です。このとき、一般に多く見られる2階に寝室を配置している住宅では、無人となる1階の窓を開けることは防犯上注意する必要がありますので、あらかじめ換気用に開けられる小窓や格子付き窓を用意したり、通風雨戸などを活用したりするとよいでしょう。

　風がまったく吹いていないときなどは、扇風機を利用すると効果的です。このとき、一般的には扇風機を部屋の中ほどに置いて、体の方向に向けて使用する方が多いと思いますが、これは体感温度を下げる効果はあっても、部屋の空気は単に攪拌されるだけになり、夜間換気は促進されません。

　そこで、開けている窓のすぐ前に、扇風機を室内側に向けて置いてみてください。扇風機の構造は、羽根が回転すると、後ろ側の空気を吸い込んで前方へ送るしくみになっています。つまり、開けている窓のすぐ前に室内側に向けて置くと、窓の外の涼しい空気を吸い込んで室内に送ってくれることになります。なお、その窓が家に対して風下側となるような風向きの場合は、扇風機は屋外側に向けて排気を促すことに使う方が効果的です。いずれにしても、室内の熱を逃がし、外の涼風を取り入れたいときには、扇風機は窓側に置いて使ってみてください。

■ 夜間換気の効果を持続させるには？

　夜間換気は、気温の日較差が大きい地域では、夜間に気温が大きく下がるためとくに有効な手法になります。ただし、窓開閉のタイミングがとても大事になってきます。

　元々外の空気を取り入れることが好きな人や、エアコンが苦手な人は、よほど暑い日でなければ常に窓を開けて風を通して過ごしている人も多いと思います。このような家では、夜のうちに涼風が取り込まれて室内の壁や床に蓄冷され、外気温が最も下がる明け方には、室温もこの低い外気温に近いくらいまで下がります。この室温を日中にも持続できれば、涼しく快適に過ごせる環境を作ることができるのですが、おそらくこのような家の方々の大半は、風を取り込むことを優先して窓を開けたままにするケースが多く見られ、日の出とともに急上昇していく気温をどんどん取り込んでしまうために、せっかく蓄冷した快適な室温もあっという間に上昇してしまいます。そこで、快適な室温を持続する方法が、「朝に窓を閉める」という行動です。

　図II-1.26 は、神奈川県相模原市に建つ長屋型住宅のリビングにおいて、夏に夜間換気を実施した日で窓開閉の違いによる温度変化を比較したものです。8月9日、10日ともに明け方の外気温は22〜23℃程度まで下がり、夜間換気をしている室内も24〜25℃程度まで下がっていることがわかります。日の出とともに外気温は上昇し、快晴であった両日とも日中の最高気温は33℃前後まで上がっています。このとき、窓を開けたままの状態の9日は、13時の時点で室温も30℃を超えており、外気温との差は2.2℃しかありません。一方、朝6時に窓を閉めた10日は、室温の上昇は非常に緩やかで、13時時点ではまだ28℃前後で、外気温との差は5.6℃あります。日の出以降の室温グラフの傾きを9日と比べてもその違いは一目瞭然です。この日窓を開けたのは14時40分頃ですが、日中のほとんどの時間で室温は30℃を超えておらず、夜間換気による蓄冷効果が持続でき、通風しなくても暑さを十分しのげる環境が作られていることがわかります。なお、日中の室温上昇抑制には、南側窓

面の日射遮蔽も非常に重要です。できれば家づくりの時点から十分な庇・軒の出で直射日光を遮断し、さらに簾や緑のカーテンなど外部日除けを設置すれば、よほどの低断熱住宅でなければ、窓閉めによる蓄冷効果の持続が実感できます。

　実は、図のグラフの住宅には熱容量の大きい土壁が使用されており、一般の住宅以上にその蓄冷効果が顕著に表れているのですが、夜間換気と朝の窓閉めによる室温変化の全体の傾向は変わりません。是非実践・体感してみてください。

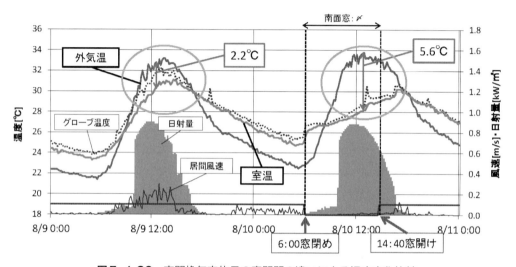

図Ⅱ-1.26　夜間換気実施日の窓開閉の違いによる温度変化比較

（2）空気の入口・出口のお手入れ

■ 換気口についてもこまめな掃除を

　最近のエアコンの上位機種には、フィルターの自動清掃機能が付いているものも出てきていますが、このフィルターを定期的に掃除しないとエアコンの効きが悪くなる、という話を聞いたことがある方も多いでしょう。ホコリなどでフィルターが詰まってくると空気を吸い込む力が弱くなり、吹き出す風の量が減ることで効きが悪くなるのです。同様のことは換気についてもいえるのですが、気にしていない方が多いのではないでしょうか。感染症対策としても換気の重要性が指摘されており、換気口まわりの掃除の重要性について見てみましょう。

■ 入ってこないと出ていけない！

　風を流すには入口と出口が必要になるということは先ほど書きました。日本の住宅では多くが第三種換気で、換気扇が出口側（排気口）に付いています。排気口では室内側の格子カバーのホコリは目に付きやすいのでたまに掃除される方も多いと思いますが、その奥の屋外側の

格子カバーにもホコリは付着しやすいので、とくに24時間換気用の排気口で手が届く場所については、たまに掃除することをお勧めします。

　また、ホコリが付きやすいのに気づきにくいのが、換気の入口側の給気口です。P.37でも書かれていますが、給気口にはさまざまな形状があり、屋外のホコリを取り込まないように、たいていの給気口には内部にフィルターが付けられています。近年、花粉や黄砂など屋外の粉塵が異常に多くなる季節もあり、このようなときはフィルターにも汚れが付きやすくなります。せっかく排気口の掃除をしていても、空気は、入ってこないと出てはいけません。給気口の掃除も気にしてやってみてください。また、万が一この給気口が閉じている場合は、フィルターは汚れませんが空気が入らず十分な換気ができていない可能性があるので、すぐに開けるようにしてください。

　給気口の掃除は、ワンルームマンションのように気密性が高く、かつ部屋が小さい場合はとくに注意が必要です。部屋が小さいと給気口も1〜2か所などに限られるため汚れも付きやすく、その給気口から空気が入って来ないと想定していた換気性能が発揮できず、玄関ドアが重くなるなどの問題も起きやすくなります。

| 排気口の例
(比較的きれい) | 排気口内部
(これでもきれいな方) | 給気口の例
(通常の状態) | 閉じている給気口
(原則開けましょう) | 給気口内部
(フィルター汚れを確認) |

写真II-1.44　排気口と給気口の例

2 - 冬の章

2.1　冬の日差しの上手な利用法

（1）太陽熱のパワーと活かし方

■ 南側の窓は天然の電気ストーブ

　冬に日があたる窓際がポカポカ暖かく心地よい思いをしたことや、場合によっては、外は寒い日でも窓際では汗ばむくらいの経験をされたことは誰もが記憶にあると思います。

　この太陽熱のパワーを上手に使うことで、ストーブやエアコンへの依存を減らしながら、快適な空間を実現することが可能です。そのためには、太陽の力がどの程度のものなのかを把握したうえで、効率のよい取り入れ方の工夫が必要です。

■ 太陽の力はどのくらい?

　冬に日差しを取り込むのは主に建物の南側からになります。建物の南面で受ける太陽の熱はどれくらいなのでしょうか。南北に長くさまざまな気候特性がある日本では場所によって日射量も異なりますが、ここでは東京を例にデータを示します。

　図Ⅱ-2.1 に示すように冬の南面の平均は 351 W／㎡ となっています。これは 1 ㎡あたり

351W のエネルギーを建物が受けているということです。これを窓から取り入れる場合、普通ペアガラスの日射取得率は 0.8 程度ですので、そのガラスからは 351W ／㎡× 0.8 ＝ 280W ／㎡のエネルギーが室内に入ることになります。

標準的な引き違いのサッシ W1,690 mm × H2,030 mm の場合、ガラスの面積は 3.24 ㎡ですので、3.2 4㎡× 280 W ／㎡＝ 907 W となります。一般的な電気ストーブは 800 W ～ 1000 W ですので、窓一つだけで電気ストーブ 1 台分に相当することになります。

単位：W/m²

南面	冬	平均	351.0
		最大	916.7
	夏	平均	140.8
		最大	444.4
東西面	冬	平均	163.0
		最大	611.1
	夏	平均	168.4
		最大	694.4
水平面	冬	平均	254.0
		最大	555.6
	夏	平均	310.0
		最大	888.9

図Ⅱ-2.1　部位ごとで受ける太陽エネルギー量
出典：野池政宏 , パッシブデザイン講義 , （一社）Forward to 1985 energy life, Passive Design Technical Forum, p.28, 2014

■ 窓は太陽の熱を取り入れるけど、部屋の熱を逃がすのも窓

窓は太陽の熱を取り込んでくれる場所ですが、同時に、室内の暖かさが逃げていく場所でもあります。その熱を逃がさないために窓も進化しています。昔のサッシは一枚だけの窓ガラスが一般的でしたが、現在では 2 枚のペアガラス、3 枚のトリプルガラス、ガラスの種類も室内の熱を逃がしにくいタイプや外部からの熱を通しにくいタイプが登場してきています。

太陽熱を取得するためには、ガラスが増えるほど取得率は落ちるため、取り入れる量と、

写真Ⅱ-2.1　一つの窓から電気ストーブ 1 台分の熱を取り入れることが可

逃げる量のバランスを考えて窓を選定する必要があります。**図Ⅱ-2.2**の日射取得量と熱損失量の差が室内で取得できる熱量です。日射遮蔽型のガラスは夏の日差しを遮るために有効ですが、夏は太陽高度が高いため、南面からの日射量は東西面ほど多くないことや、「Ⅱ.1.(3) 日除けの使いこなし術」で解説しているような簾や葦簀、緑のカーテンといった対策も効果的であることから、冬に多くの日射取得が期待できる南面の窓は熱を取得することを優先して考えることがおすすめです。

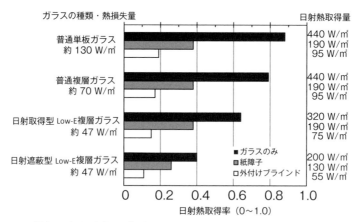

※数値は、内外温度差：20℃（冬季），ガラス面1㎡に入る日射量：500 Wを想定.
（夜間は日射がなく熱損失だけになることに注意する必要あり）

図Ⅱ-2.2 ガラス性能別の熱の侵入率の比較

■ 蓄熱をすることで、室温の変化を穏やかにする

取得した熱の上手な利用方法の一つに蓄熱があります。室内に熱を蓄えておくことができれば、日中、室温が上がりすぎることを抑えるとともに、日が沈んだ後にゆっくり放熱されることで、一日を通して室温が安定します。

一般的に蓄熱場所として利用されるのは南側に面した土間部分です（**写真Ⅱ-2.2**）。最近

写真Ⅱ-2.2 土間の事例
（写真提供：株式会社小林建設 / 埼玉県）

図Ⅱ-2.3 屋根集熱の事例

は土間空間は屋外と室内の中間的な場所として人気がありますが、熱を上手に利用する場所としても効果的です。その際、仕切りを設けることで熱の調節をしやすくすることや、夏の直射日光が当たらないような工夫も必要です。

　なお、窓からだけでなく屋根で太陽の熱を集めて、それを床下に送り込んで熱源として利用する太陽熱利用の方法もあります（**図Ⅱ-2.3**）。近隣の建物の影響が受けにくく、窓よりもはるかに大きな面積の屋根で熱を集めることができるため熱の取得量も多く、床下空間に熱を送ることで1階部分全体を温めることが可能です。

【体験】ペットボトルで太陽熱の収穫実験

▶概要：

　晴れていれば太陽から勝手に降り注いでくるエネルギーがある……誰でもこのことは知ってはいますが、その恩恵を心から実感するのは、晴れた日に洗濯物がよく乾いたときや、果物・野菜といった作物が好天のためによく育ったときぐらいに限られるのではないでしょうか。

　ここで紹介する実験プログラムは、入手が簡単なペットボトルに水を入れて太陽熱を蓄えるという実験ですので、それを実践すれば太陽熱の恩恵を誰もが実感できます。実験に使う材料から順にその方法、手順をみていきましょう。

▶ポイント・注意事項
- 熱を十分に蓄えた状態のペットボトルは熱いので、手袋をしてから触るなど、やけどには注意してください。
- 集熱実験に6時間も時間を確保できない場合は、日差しの強い日時を選ぶことで、集熱時間が1時間でも集熱器水温を50℃近くまで上げることができます。そのため実験時間は最短で1時間は必要になります。

▶必要なもの
(1) ペットボトル

　実験に使う材料はペットボトルで、底面が四角のものを使います。その容量が小さくなるほど日射の吸収による水温上昇が大きくなるので、日射量の小さい冬なら350mℓ、その逆に日射量の大きい夏であれば1ℓのものを、春と秋は500mℓのペットボトルを使います

(2) 厚さ2cmの発泡スチロール板もしくはポリエチレンフォーム板

(3) 透明のアクリル板もしくは塩化ビニール板

(4) 黒の粘着テープもしくは黒の油性ペン

(5) 水温を測る温度計（棒状温度計で可）

　集熱前後の水温を測る温度計が必要ですが、これは入手の容易さから棒状温度計でも構いません

(6) ペットボトルに入れた水を移す容器（ボウルなど）

■ 実験用のお手製太陽熱温水器の製作

　図Ⅱ-2.3 にお手製の太陽熱温水器の外観を、**図Ⅱ-2.4** にその設計図を示します。まず、ペットボトルの蓋と底面以外の部分に黒いビニール粘着テープを巻き付けます。黒の油性スプレー塗料をボトルに塗布してもかまいません。

　それとは別に、ペットボトルを収納できる大きさの集熱ボックスをつくります。集熱ボックスは厚さ2cm のポリスチレンフォームでボトルの側面1面以外の全ての面を覆い、残りの1面は透明の塩化ビニール板で蓋をします。集熱ボックスは透明板が集光部で、それ以外の面が断熱保温部になります。

　黒いボトルと集熱ボックスの双方の製作が終わりましたら、ペットボトルに水を封入します。日差しの強い時期に実験を行なう場合、封入した水がボトル内で蒸発して水蒸気になり、蓋とボトルの口と隙間から漏れ出て、集光用透明板の下面を結露して曇らせることになります。そのため、蓋はきつく締めるようにします。このようにして水を封入したボトルを集熱ボックス内に入れて、透明板を上から被せ、そのボックスとの接合部分を粘着テープなどでふさぎ、ボックスの気密性をできるだけ確保したら準備完了です。

▶ 実験：自作太陽温水器の実験
▶ 所要時間：制作 2 時間、集熱実験 1〜6 時間

▶ 手順

　① ボトルに封入する水の温度を棒状温度計で測ってメモ紙に記録します。

写真Ⅱ-2.3
お手製の太陽熱温水器

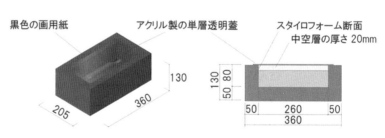

図Ⅱ-2.4　お手製の太陽熱温水器の設計図

② ボトルに水を封入します。

③ ボトルの蓋をきつく締めます。

④ 透明板をまだ貼りつけていない状態の集熱ボックスにボトルを入れます。

⑤ 集熱ボックスに透明板で蓋をします。透明板とボックスの接合部分を粘着テープなどで
　ふさいで、ボックスの気密性もできるだけ確保するようにします。

⑥ お手製太陽熱温水器をバルコニーや屋上など日当たりのいい場所に設置します。

⑦ ボトル内の水温が上がった頃を見計らって、お手製太陽熱温水器からボトルを取り出し、
　注入した水をボウルなどに移します。ボウル内の水温を測れば、集熱温度が把握できる
　というわけです。水温の記録は、温度計の温度指示部分をスマートフォンのカメラで撮
　影すると非常に容易です。

　以上の手順では、実験前後の水の温度をボトル内ではなく、別容器に入れてからを測る方
法を示していますが、**写真II-2.4** のような安価なデジタルの水温センサーが用意できる場合
は、ボトルの背面にそれを粘着テープで貼り付けます。ボックスのポリスチレンフォームに水
温センサーのコード用の穴をあけ、コードは穴を通じてボックス外部に置いたディスプレイに
つなげるというやり方であれば、水の出し入れと温度計測の手間が省けます。ボトル内の水
の温度を直接タイムリーにセンサーで測らないのは、ボトルの蓋とボトルとの気密性を確保す
ることがが難しく、水蒸気の漏洩量が増えることで透明板の結露が盛んになり、集熱に支障
をきたすからです。ボトルの首部分がポリスチレンフォームのボックスから突き出た構造にす
れば、水蒸気の漏洩による透明版の結露も生じないですみますが、上記の方法より水温上昇
がやや鈍くなりますので、いずれの方法にも一長一短があります。

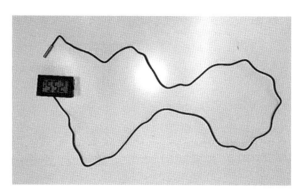

写真II-2.4　水温センサー

■ 実験から得られる気づき

　図II-2.5 は2ℓのペットボトルを用いて5月中旬に実験を行った際の水温変化などを示し
たものです。2ℓの水道水の温度が6時間程度で60℃にまで達しています。もし、この装置

をバルコニーなど、日当たりのいい場所に70個置き、夕方にバスタブに温水を入れれば、光熱費なしで温浴ができることを意味します。空から降ってくる無償のエネルギー（恵み）です。

写真II-2.5は集熱中に太陽熱で大きく変形してしまった2ℓのペットボトルです。このボトルの変形を見れば、太陽熱がいかに強烈なエネルギー源であるかが確認できることと思います。水温の測定も、ボトルの変形も、実際に経験してこそ、太陽熱の大きな実力を実感できます。この実感を経験することによって、大切なのに知られていない太陽熱のポテンシャルを、住まい手の方々の心に深く印象づけられるものと想像します。

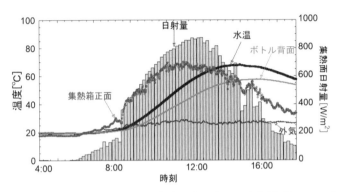

図II-2.5 2ℓのお手製太陽熱温水器の実験結果）　　　**写真II-2.5** 太陽熱で大きく変形したペットボトル

▶ポイント・注意事項

- 集熱実験に6時間も時間を確保できない場合、日差しの強い日時を選べば、集熱1時間で水温を50℃にまで上げることは可能です。たとえば、日差しの強い6月のあるよく晴れた日に12時ごろから1時間集熱させてみると、ボトル背面温度は49.4℃に達していました（**写真II-2.6**）。

写真II-2.6 背面に設置した温度計（左）と太陽熱温水器（右）（口絵参照）

（2）窓際の使いこなし術（採光）
～過剰にもなる窓際の日差しに対する賢い照明法～

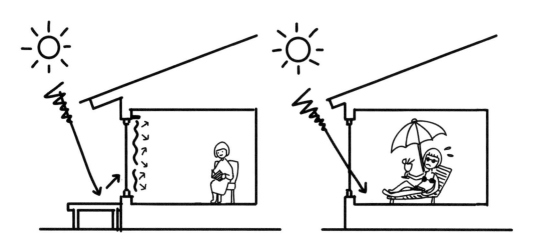

　大きな窓から燦々と陽光が入ってきて、冬は日差しで暖かく、いい眺望や季節・天気に応じた景色のうつろいが見える、自宅のリビングはそんな明るくて開放的な空間を希望する人、トップライトや吹き抜けのある住宅を希望する人も多いと思います。しかし、実際には、冬の窓際がすごく寒いし結露がひどい、暖房を点けても温まりにくいし足元が寒い、窓外の建物や地物等の影で日光が思ったように入らない、外からの視線が気になり昼でもカーテンを閉めている、という住宅もあるでしょう。

　また、太陽の高度が低い冬の時季は、部屋の奥に射し込む日差し（直射日光）が暖かいけれど、読み書きするのには眩しい、テレビやパソコン・スマホの画面が見えづらい。そこで、居場所を移動するか、レースカーテンやブラインド等で直射を遮るか和らげるか、我慢している、という人もいるかもしれません。こうした日差しの眩しさは、とくに事務所や教室などの作業空間では仕事や勉強の妨げになるので、ブラインドや遮光カーテンを閉めて、いつでも電灯を点灯している場合も見られます。

　採光で明るくて、でも寒くならない、眩しくならない、そうした室内空間のつくり方、選び方、住みこなし方の知恵や方法をみていきましょう。

■ 高断熱住宅は暖かさだけでなく、採光の満足度も高い

　太陽の日差しは、紫外線、可視光線、赤外線の3種類の放射からなります。私たちに明るさ等の視覚をもたらすのは可視光線です。日差しのエネルギーを大まかに内訳すると紫外線10％、可視光線40％、赤外線50％の割合になっています。紫外線はガラスを透過しないので、可視光線と赤外線とが日差しの暖かさや暑さの源になります。そこで、日差しの利用は、光の導入と熱の出入りの両方を考える必要があります。窓が大きいと明るくなりますが、

天候と時間により直射が入ってくる時や場所だけ眩し過ぎたり温度が高くなりすぎたり、断熱性能の低い窓だと窓が低温になり窓付近や足元が寒くて不快になったりで、せっかくの窓際が光・熱環境的に不安定で使いにくいスペースになっている残念な住宅もあります。低断熱の窓だと、暖房のエネルギー収支が、窓から得られる日射の熱取得よりも窓から逃げる熱損失の方が大きくてマイナスになります。一方、断熱性能の高い住宅では、窓付近の温度低下や上下温度差が小さいため、大開口や吹き抜けを設けられる、室内ドアを開けて生活するなど、開放的な間取りや暮らし方が行いやすくなります。そのため、高断熱住宅では、温熱性能に加えて、採光による明るさや開放感への満足度も高くなります。

　既存の住宅では、建物の断熱改修、窓の二重化（サッシ交換や内窓設置）の方法があり、自治体で工事費の補助が得られる場合もあります。また、賃貸でも可能な DIY による簡易な内窓の工作方法は Web サイトにも複数紹介されているので試してみるのも一考かもしれません。

■ 上手な採光のために太陽の動きを知る、冬至 4 時間日照が満足が高い

　太陽の位置は季節と時刻によって変わります（止まっている人や窓から見れば太陽が動いている）。そこで、季節と時刻に応じた太陽の位置と動きを知れば、日照（直射日光）の当たる時間と入り方を把握して、太陽の日差しをさらに賢く利用できます。太陽は、冬には南東寄りから昇り南西寄りに沈み低い高度で移動しますが、夏には北東寄りから昇り北西寄りに沈み高い高度で移動します。また、緯度が高い場所の方が太陽の高度が低く、日の出から日の入りの時間が短くなります。たとえば、冬至（12 月 22 日、太陽の軌道が 1 年で最も低くなる）の正午の太陽高度は、北緯 43 度の札幌では約 23 度、北緯 35 度の東京では約 31 度、北緯 26 度の那覇では約 40 度で、札幌と那覇では太陽高度が約 2 倍違います。高緯度の冬の札幌では、太陽が南にある正午頃でも太陽高度が約 23 度と横から射し込みます。直射の

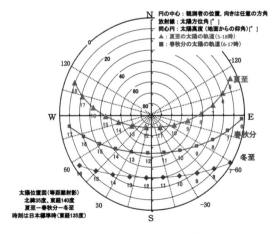

図Ⅱ-2.6　太陽位置図（東京：北緯 35 度）

図Ⅱ-2.7　太陽位置アプリの例 [1]

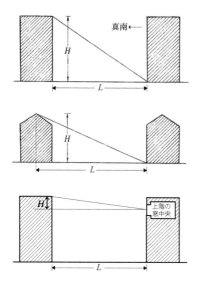

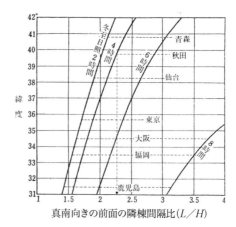

真南向きの前面の隣棟間隔比(L/H)

秋田市では真南向きの前面の隣棟間隔比
L／Hが約2.3以上あれば、冬至に4時間
以上の日照が得られる。

図Ⅱ-2.8　冬至4時間日照のための隣棟間隔[2]

入り方や日影は太陽高度が関係するため、札幌は那覇の約2倍の長さになります。ある緯度の地点から見た太陽の位置は、太陽位置図（**図Ⅱ-2.6**）に表現でき、この図から冬至や夏至の各時刻の太陽位置を読み取ることで、実際の敷地や建物の窓から見た太陽の位置と直射日光の入射と遮蔽を判定でき、建物の計画段階、物件内覧時、家具配置時に利用できます。スマートフォンのアプリで、マップ上やカメラで見た画像に太陽の軌道（現在、夏至·冬至、任意の月日など）を重ねて表示する便利なツールもあります（スマホのコンパスで方位が正しく測位されていないと、太陽位置の誤差が大きくなるので要注意）。

　さて、太陽の位置がわかったら、どの程度の日当たりを必要とするでしょうか。日本の住宅では、日照（日照権）が重要視されます。日照には、明るさと暖かさの効能以外にも、乾燥や殺菌、心理的なやすらぎや体内時計を整える効果があり、一定の日照を確保することで、間接的に、風通し、眺望、開放感、延焼防止や避難経路確保など防災機能も高くなるため、日照確保は良好な居住環境の指標として考えられています。都市部の住宅の居住者への調査で、冬至に4時間以上の日照があると評価が良く、それ未満だと悪くなる傾向がありました。そこで、住宅では、最低一室は冬至4時間の日照確保という目安が日本建築学会から提案されました。この考え方は、公営・公団住宅等の設計基準にも取り入れられて、それらの団地では隣棟間隔が広く取られています（**図Ⅱ-2.8**）。また、建築基準法では、市街地の日照確保のために、建物の高さ制限、斜線制限、日影規制というルールがありますが、商業地域（用途地域指定の一つ）では商業の利便性を最優先するため日影規制は適用外となっており、自宅周辺に後からマンションやビルが建てられて、日照が遮られることも起こり得るので、確認しておくべきです。

■ 住宅の採光計画、窓の方位に適した 日除けの種類、伝統住居にみる温故 知新の採光術

市街地にある戸建て住宅では、採光の妨げになる周囲の建物や周囲からの視線と室内からの眺望を考慮した採光の仕方が求められます。現代の都市型住宅では、中庭からの採光、壁の高い位置に窓を設けるハイサイドライト（頂測窓）による採光、吹き抜けや階段室からの採光、1階をガレージや寝室等にして2・3階に居間を設ける、という採光手法がよく見られます（**図Ⅱ-2.9**）。

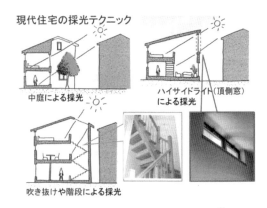

図Ⅱ-2.9 都市型住宅の採光手法[3]

太陽位置がわかっていると、窓の方位に適する日除けの種類や寸法も考えられます。南向きの窓では軒・庇やバルコニーが夏の太陽高度を遮る長さがあり、東や西に袖壁があるとなお効果的です。東から南東向きや南西から西向きの窓で、太陽高度が低い日差しには、窓の前面を垂直に覆うサンスクリーン・簾・緑のカーテン等が適します。また、夏に日射熱を室内に取り込まないためには窓の外側に設ける日除けが適し、冬に日射熱を室内に取り入れたいときは窓の内側の日除けが適します。

日本の伝統住居では、深い軒の出で強い直射日光を遮蔽し、天空光や地面で反射した光を障子や畳の目で拡散させて室内に導いて、眩しさや明暗差の少ない穏やかな光環境をつくっていました。建物が密集してウナギの寝床と呼ばれる奥行が長い町家では、中庭や高窓からの採光が行われ、中庭からの採光は軒の出や軒先に吊った簾で直射日光や明るい天空が直接視野に入らないようにしていました。人の目は、視野内に明るい部分があると、その明るさ（輝度）に明順応し、相対的に光の量が少ない部分を暗く感じます。室内から明るい天空が見えないと、室内の光に目が順応して、採光による室内照度があまり高くなくても、室内の落ち着いた明るさをあまり暗く感じなくなります。燦々と明るいばかりでなく、天空光や拡散光による採光の雰囲気にも落ち着いた良さがあり、現代でも使える採光術です。

■ 住宅以外の建物で直射日光を使って省エネと環境負荷削減を実践 ―昼光照明―

直射日光は、強い日光が室内に入ると大きな明暗差や眩しさ（グレア）や手暗がりで作業に不向きな光環境になり、しかも天候や時刻で変動が大きいため、従来の事務所や教室等の採光計画では直射日光の利用は除外されていました。屋外での直射日光の照度は10万ルクスを超えますが、室内の照度基準は事務作業空間では500〜1000ルクスで、直射日光は200〜100倍も大きいのです。しかし、省エネや低環境負荷の達成といった観点から、事務所や教室等での直射日光の利用も見られます。直射日光を上手に利用して、昼間に採光と電

灯をミックスして室内の照明を行って、昼間の電灯照明の使用を削減する方法を照明の昼光利用と言います。照明とは室内を明るく照らすことで、その方法に昼光照明（直射日光を含む採光）と電灯照明があり、二つを組み合わせるという考え方です。

　直射日光の導入による眩しさ・手暗がり等による光環境の作業性の低下を引き起こさないための建築装置として、ライトシェルフという庇があります（**図**

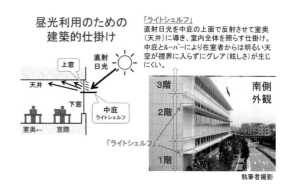

昼光利用のための建築的仕掛け

「ライトシェルフ」
直射日光を中庇の上面で反射させて室奥（天井）に導き、室内全体を照らす仕掛け。中庇とルーバーにより在室者からは明るい天空が視界に入らずにグレア（眩しさ）が生じにくい。

執筆者撮影

図II-2.10　ライトシェルフの例

II-2.10）。これは、事務室の腰窓（下窓）と高窓（上窓）の間に中庇を設けて、窓際への直射日光を中庇の上面で反射拡散させて高窓から室内の天井に導き、直射日光で天井を明るくする仕掛けです。下窓と上窓からの採光をベース照明とします。これにタスク&アンビエント照明方式（TAL）という電灯照明の設備を組み合わせます。これは、変動する昼光照明の照度を照度センサーで測定して、それに応じて天井の電灯照明（全般照明＝アンビエント照明）の明るさを制御して、各机では必要に応じてデスク照明（タスク照明）を個別に使用する方法です。

　ただし、ライトシェルフがない建物でも、ブラインドの上げ下げや羽の向きを調整して直射日光があるときは天井に導いて、電灯の点滅スイッチが窓側・中央・室奥列などにわかれていれば在室者が手動で明るさが十分な場所を消灯する方法でも、ある程度の昼光利用が可能で、不要な照明用電力の節約になります。ただし、冷房している場合には、昼光利用による証明電力の削減と日射熱による冷房負荷の増加の効果をトータルで考えることが必要です。また、これらの方法は、我慢や、仕事・学習の効率を低下しないように行いましょう。

参考文献・出典

1）アプリ名：Sun Locator Lite 日月，提供元：GeneWarrior，を使用して筆者が撮影。 Android 用，「Google Play ストア」よりダウンロード
2）建築学体系編集委員会編：改訂増補 建築学体系 27，pp.144-146，彰国社，1971
3）日本建築学会編：昼光照明デザインガイド，pp.25-26，技報堂出版，2007

【体験】照明当てクイズ

▶ 概要：

　前項では、事務室や教室などにおいて、昼光照明で明るさが不足している部分のみ電灯照明を点灯して、我慢したり、仕事・学習の効率を落としたりせずに、省エネ・低環境負荷を実践する照明の方法を説明しました。ここでは、クイズ感覚の体験学習プログラムを紹介します。このプログラムのねらいは、室内の光環境を大きく損なうことなく、消灯してもあまり問題がない電灯がないかを確認することで、これまで無意識に電灯照明を点灯していたことに気づいてもらうことです。なお、このプログラムは、採光に有効な窓があり、電灯が窓側・中央・廊下側のように列や範囲毎に点灯・消灯できるスイッチがある部屋で、昼間に行います。

▶ ポイント・注意事項

- 厚い黒雲や夕焼けや日没間際でなければ、晴天でも曇天でも実施可能で、季節や天候・時刻は問いません。
- 電灯を点けたときに、回答者（学習者）が着席している机の天板への電灯の映り込みで、点灯がわかる場合には机の上に白い画用紙などを置いて映り込みが見えないようにします。

▶ 必要なもの

（1）A4サイズの紙ファイルやつばのある帽子など、頭に載せて天井の視野を隠すもの
（2）照度計（なくてもかまいませんが、研究用や検査用でなければ、2,000円弱から購入できます）

▶ 所要時間：0 〜 40分程度（①〜④、⑤）まで、60分程度（①〜⑥まで）

▶ 手順

①回答者（学習者）は机の席に座り、天井の照明器具が見えないように、頭上に広げたファイルを載せるか帽子を被ります（**写真Ⅱ-2.7**）。
②クイズの出題役（指導役）は電灯の点消灯のパターンを切り替えて、回答者には天井の照明器具は見ず、それ以外の視界内の明るさで、天井の照明の点消灯パターンを推測して答えてもらいます。また、各光環境の明るさ感、作業性や印象等も答えてもらいます。電灯照明の点消灯パターンの切り替え中は、回答者には目をつぶってもらいます。
③これを何回か繰り返して、答え合わせをします。頭の上のファイルや帽子を外して、各照明パターンの光環境を再度見て確認します。

④屋外の明るさ、対象室や電灯照明の状況、対象室での行為の違い、個人差もありますが、電灯を点けても消しても光環境の質にプラスの効果がないものがあれば、我慢せずに消灯できる電灯です。参加者で電灯の点灯の要・不要について、話し合いましょう。

⑤照度計があれば、各パターンでの室内照度や屋外の照度を測り、体感や照度基準と比較します。

⑥各点消灯パターンの電力使用量を計算します。ランプや器具に表示されているワット数の合計にそのパターンでの点灯時間をかけると消費電力量 [Wh] になります。それに電力料金の単価をかけると従量分の電気代が、CO_2 原単位をかけると発電に伴う CO_2 排出量が概算でき、省エネや CO_2 排出削減の効果を計算することができます（⑤と⑥は必要に応じて実施してください）。

写真Ⅱ-2.7　学校で実施した様子

【ワークシート】　照明当てクイズに挑戦！

【方法】電灯を見ないで（窓ガラスや床などへの電灯の映り込みも見ない）、電灯が点灯しているか、消灯しているかを自分の感覚で推測するクイズです。照明パターンを変えて示すので、電灯が点灯している思う場所（列）には○印を、消灯していると思う場所（列）には×印をつけます。感覚・印象もメモします。

教室名		階数		窓の方位	
日時		天気		座席位置	窓側・中央窓側・中央廊下側・廊下側

照明パターン		窓側	中央	廊下側	感覚・印象のメモ
記入例	全消灯	×	×	×	暗めで色あせて見える／暗いがいい感じで落ち着く／勉強するには暗いけど好きな明るさ
1番目					
2番目					
3番目					
4番目					
5番目					
6番目					

図Ⅱ-2.11　学校での学習で使用したワークシート例

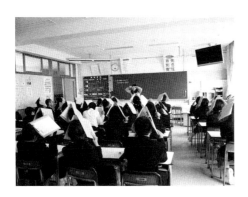

【体験】窓際のコールドドラフトの可視化と対策 DIY 家具

▶ 概要：

　断熱性の低い外壁や窓面で、室内の暖気は冷やされ下降気流が発生します。このような冷たさは、私たちに不快感をもたらしますが、その結果として、寒さを避けるために窓際や壁際を利用せず、室内の中央や暖房前にかたまりがちになっていないでしょうか。対策にはさまざまなものがありますが、対策を取る前にコールドドラフトとは何か気づくための体験方法と、裾長カーテンという方法ではなく、明るい窓際を有効に利用するための対策とその効果をみた事例を紹介します。

▶ 実験 1：冬季における外壁や窓付近のコールドドラフトの観察
▶ 所要時間：20 ～ 30 分程度

▶ 手順
①冬季に外壁や窓ガラスの表面温度が低温になっていて、近づくとヒヤッとする冷放射を感じたり、足下に冷気溜まりを感じて不快だったり、表面結露を生じていないかを確認します（外壁や窓の断熱性能が分かれば確認してみましょう）。
②発煙管の白煙を、対象とする外壁や窓の室内側の表面に吹き出して、空気の流れを観察します。
③気流の観察と併せて、室内の各部の空気温度や外壁や窓ガラスの室内側の表面温度の測定も行うといいでしょう。
④冷気の下降流（コールドドラフト）の発生を抑制する対策（窓ガラスの断熱シート、カーテンを床に接地させる、窓付近の冷気止めの衝立など）を行ってみて、その効果を観察・確認してみるのもよいでしょう。
⑤冬以外の季節でコールドドラフトを観察するには、冷水と氷を入れたグラスや冷蔵庫で冷やしたガラス容器・陶器などを鉛直にして、それを低温の窓や外壁に見立てて、発煙管の白煙を吹きかけて観察します（線香の場合は煙が上昇してしまうので、うまくできません）。このとき、冬季の 1 重ガラスの室内表面温度に近い条件になります（外気温 0℃ で室温 20℃ の条件でガラスの表面温度が約 10℃）。

　＊部屋の中央や外壁・窓の付近で、立った頭の位置、胸元、足元などの各高さで測ると、私たちが影響を受ける部分の温度を知ることができていいでしょう。

■ 明るい窓際まで生活領域を広げる DIY 家具づくり
　冬の南側の窓際は、柔らかな日差しで明るく照らされ、本来はさまざまな生活行為が行われるはずの場所です。しかし、断熱性の低い外壁や窓によってコールドドラフトが生じ、寒

く不快な空間になり生活領域から外されがちです。断熱改修以外の簡易な解決策として、このコールドドラフトによる冷気流がたまるプールをつくり、流れ出さないような仕掛けを窓際につくれば、生活領域は広がるだろうという発想から生まれた DIY 家具を紹介します。

　図II-2.12 のように、カラーボックスと断熱材（スタイロフォーム）と天板を組み合わせただけの単純な構造です。**図II-2.13** は冬の午前中の熱画像です。正面右側の家具の天板と背面（断熱材）を取り除いて、比較しています。窓は日差しがあたり高温になっていますが、断熱性の低い腰壁は 12℃ 近くまで低温になっています。このままだと窓際で過ごすことは難しいでしょう。一方で、正面左側は背面が断熱材の作業机になっているため、足元も冷えることなく過ごすことができます。裾が長いカーテンもコールドドラフトを抑えることができますが、窓際までの生活領域を広げることは困難かもしれません。

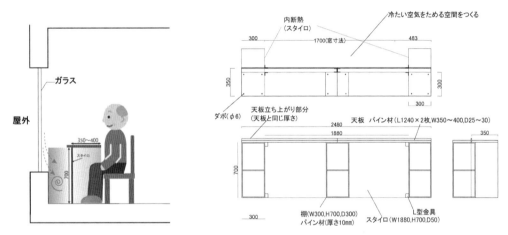

机の背板がわりの断熱材で冷気プールをつくり、明るい窓際で読書や軽作業ができる空間を生み出します。

図II-2.12　コールドドラフト対策のための DIY 家具イメージと設計図

（冬季、10 時　居間：22.7℃、屋外：15.2℃）
図II-2.13　冬の日の窓際の DIY 家具の熱画像（口絵参照）

【体験】明るく強い建物デザイン

▶ 概要：

　地震大国である日本では、建物の耐震性がとても重要です。そのためには壁や床の強度を高くする必要がありますが、それによって窓を自由に大きくできなくなります。しかし窓からの採光は、自然エネルギー利用の点で意義があるだけでなく、人体への心理生理的な健康のためにも十分に確保することが推奨されます。そこで、開口部（窓）の形状や位置によって、建物強さと内部の明るさのバランスが変わることを体験的に知る、「明るく強い建物デザイン」の学習プログラムを紹介します。

▶ ポイント・注意事項

- カッターの取り扱いには十分注意してください。

▶ 必要なもの

(1) 紙箱×人数分

　　紙箱の大きさは $15 \times 10 \times 10$cm くらいが扱いやすいです。ティッシュ箱などでもよいですが、ケーキ箱などの方が、同一規格で用意しやすく、加工も簡単にできます。

(2) カッター×人数分

(3) 定規×人数分

(4) 半透明の容器（曇天光生成器）×2

(4) 照度を測る道具（照度計やアプリなど）×2

　　図Ⅱ-2.14 のようにできれば理想的ですが、照度計1台で2回にわけて照度測定してもかまいません。

(5) 紙箱の強度を測る道具

　　強度測定はデジタルフォースゲージ（**写真Ⅱ-2.10**）を使って行いたいところですが**図Ⅱ-2.16** のように簡易的に行ってもかまいません（ただし、時間はかかります）。

■ 最適な昼光率と建物強度のバランスは？

　昼光率は、自然採光できている度合いを表します。窓がなければ0％です。その一方で壁面がすべて窓になり建物を支える部分がなくなれば建物強度は0ニュートンです。そのため、（昼光率×建物強度）の値は、適度に窓がある状態のときに最適になります。

▶ 実験：紙箱模型の製作と昼光率・強度の測定
▶ 所要時間：20分程度

▶ 手順

①紙箱を建物に見たて、床面の中央には 5 × 5 cm 以上の
大きさの穴（照度を測定するため）を開けておきます。そ
の反対側の天井面中央には「×」印を書いておいてくださ
い。組み立てられた紙箱の場合、つながっていない辺は、
テープを貼ってつなげます。

②紙箱の壁面（側面）に、カッターで開口部をつくります。
そのとき、できるだけ明るくて丈夫なものを目指してくだ
さい。

写真Ⅱ-2.8　建物模型の制
作例

③箱の内外で照度を測定し、昼光率（$=\frac{箱内照度}{箱外照度}\times 100$［%］）を求めます。

・照度計と曇天光生成器（半透明の覆い）をそれぞれ二つずつ用意してください。

・あらかじめ、箱がない条件で同じ照度になる向きにしておいてください（実験用の光源
は用意せず、環境光を利用します）。

・片方に箱を置いて、同時に照度を測ります。

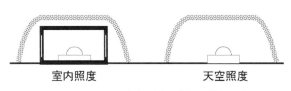

室内照度　　　　　　　天空照度

図Ⅱ-2.14　昼光率測定の様子（断面図）

④箱に荷重をかけ、建物強度を測定します。

⑤（昼光率×建物強度）[N] の比較をし、どのような開口の建物が最も値が大きいかを検
討します。順位をつけて表彰するのもよいでしょう。

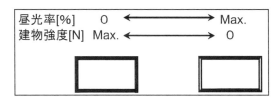

図Ⅱ-2.15　開口の大きさと昼光率、建物強度の一般的な関係

■ まとめ

現在、建物の耐震基準は 1981 年施行のものが基礎となっていて、その信頼性は 1995 年
の阪神・淡路大震災で裏づけられています。したがって、地震が起きてもそのときに建物が

倒壊する心配はありません。それよりもむしろ、天井や設備が落ちてくるとか、家具や収蔵品が倒壊してくることに注意を向けることが大切になります。とはいえ、明るさや眺望を求めてむやみに大きな窓を取りつければ、建物強度のアンバランスが生じますし、暖冷房費用も大きくなります。

　この学習プログラムを体験することで、建物デザインにおけるバランスの大切さを理解していただければと思います。

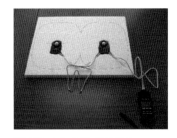  

照度計2台を並べて置く　　片方の照度計を紙箱で覆う　　曇天光生成器で覆い、照度を同時に測定

写真Ⅱ-2.9　昼光率測定の様子

写真Ⅱ-2.10　デジタルフォースゲージ

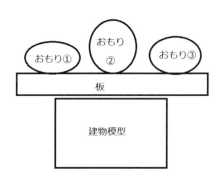

図Ⅱ-2.16　簡易な強度測定

2.2　上手な暖かさの閉じ込め方

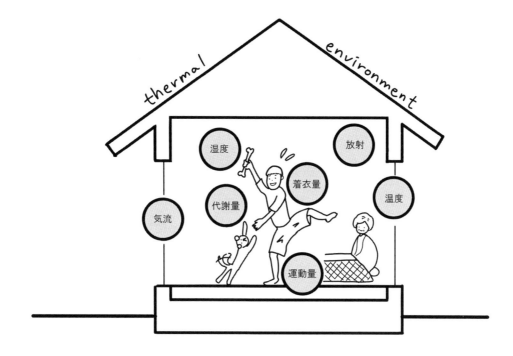

（1）熱の逃げかた・逃げにくさを知る（断熱性とは）

　建物の壁は木材や鉄骨、コンクリートなど材料の違いがあり、壁の厚さは空間構成を維持する役割（構造）に加えて、室内の熱環境の状態を決める役割があります。つまり、壁は「熱の逃げかた・逃げにくさ」を決める重要な部位です。この熱の逃げかた・逃げにくさ方は「断熱性」と呼ばれ、数値として大小で表されます。またサーモカメラで壁の表面温度を可視化することによって把握できます。ここでは「断熱」の物理的な現象の理解を深めたいと思います。

■壁内部の熱の振る舞い

　図Ⅱ-2.17の壁体は、冬に暖房をしているときの壁内の断面温度分布を表しています。壁の右側は暖房をしている室内側で、左側が屋外側（色の濃いところが高温部で、色の薄い低温部）を表しています。冬季であれば必ず高温部（室内側）から低温部（屋外側）の向きに移動します。物体の温度はそれを構成する「原子・分子の振動の度合い」です。どんな物質でも高温部から低温部への原子や分子の振動が伝搬されます。これが「伝熱」といわれる現象です。熱の逃げる方向は低温部から高温部に移動、すなわち、原子や分子の振動がひとりでに大きくなることは起こり得ません。原子・分子は振動の度合いが常に小さくなる「一方通行」の原則があります。

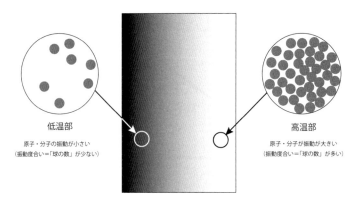

図Ⅱ-2.17 壁体内部の温度分布（原子・分子の振動の度合い）

　熱力学では、この原子・分子の振動がまったく無い状態を絶対零度（0 ケルビン（K）＝ −273.15℃）とし、0 ケルビン以下にある物質は理論上、体積を有していない（存在しない）と定義されています。つまり、私たちの暮らす常温の世界は（0 K 以上）で、どんな物質でも大なり小なり振動しています。原子・分子の振動の度合いを「球の数」として表すと**図Ⅱ-2.17**の右円と左円の拡大図になります。壁内部では、球が高温部から低温部に球の数が徐々に減っています。いまから 200 年ほど前、熱は「熱素」という物質としての学説があった時代がありましたが、その後の科学の進歩で熱が物質ではないことがわかりました。したがって熱は本来、このような球（の数）として表現できないのですが、伝熱の様子は可視化した方が理解しやすいので、このように球の数で示しています。壁体の構成材料の断熱性が高い、つまり熱伝導率が低いもの（たとえば、断熱材に用いられるグラスウールや木など）ならば、壁体の左右の球の数は差がある状態といえます。一方、断熱性が低い、つまり熱伝導率が高いもの（たとえば、金属など）では、高温部と低温部の球の数にあまり差がない（一様な）分布になります。

■ 開口部の役割
　開口部である窓やドアは非常に多くの役割があります。主として窓は、太陽光や新鮮な空気を外部から取り入れ、室内で発生した熱や汚染空気を屋外に排出するのに不可欠です。また、玄関や勝手口の扉は、ヒトやモノの出入りに必要です。窓からの眺望や外部からの景観（建築外皮としての窓の意匠）などは、心地よい刺激を与える要素として大切です。とくに注意しなければならないことは、冬季において窓は日射の採り入れと同時に熱の大きな逃げ道にもなることです。
　一般に住宅全体からの熱損失量の約半分（50%）は窓・ドアからになります（北海道では 30%ほど）。住宅の断熱性を高めるために、窓・ドアの開口部の断熱・気密化が重要です。また、はめ殺し窓（FIX 窓・固定窓）以外の開口部は住まい手による開閉の部位になります。光や

熱、空気の出入りと同様に、住まい手によって開放された開口部における空気やヒト・モノの出入りは、必ずしも定常（一定）ではなく非定常な（変動する）状態として、季節や時間変化、住まい手の判断などさまざまな要因で決定されます。現在は開口部そのものの断熱性・気密性の向上とともに、住まい手の環境調整行動による熱損失の低減が求められる時代になったといえます。

■ 平均放射温度による体感温度の予測

一般に建物の断熱性能は、室温の高低が注目されますが、住まい手の温熱快適性は室温だけでは決まりません。①室温（空気温度）に加えて、②湿度、③気流速度、④平均放射温度の環境側の4要素と、⑤代謝量、⑥着衣量の住まい手側の2要素の合計6要素の構成から決まります。とくに、④の平均放射温度は、英語でMRT(Mean Radiant Temperature)と表記されます。これは、壁だけではなく、窓・床・天井を含むすべての周囲の表面温度の平均で、周囲面から発せられる（長波長の）放射エネルギーの大きさを決定する温度です。平均放射温度は、室内の温熱環境を評価するうえで極めて重要な要素です。

実際に、住まい手の温熱快適性を予測する際に、上記の①～⑥のすべての物理要素をコントロールすることは簡単ではありません。そこで、①室温と④平均放射温度の平均温度「作用温度（Operative Temperature）」を紹介します。

作用温度は、冬季に暖房をしている室内環境で、窓が閉じられ湿度と気流速度の影響がほとんどないとされる環境下では、住まい手の"体感温度"とみなすことができます。具体例を考えてみましょう。いま二つの同じ室面積・気積の部屋があります。いずれも部屋の室温が20℃で同じとして、一方の部屋は平均放射温度が20℃、もう一つの部は平均放射温度が10℃であるとすると、作用温度はそれぞれ20℃と15℃で、熱的な体感としては5℃の温度差があるといえます。これは室温が同じでも前者は「温もり」が得られる環境で、後者は「寒さ」を感じる空間と言えます。壁の内部の温度が高い状態であるためには、**図Ⅱ-2.17**で示した球の数が一様でないことが大切で、そのためには壁の断熱材の厚さを確保することが必要です。

■「温もり」が得られる平均放射温度

図Ⅱ-2.18は、冬季の寒冷地（札幌）の条件下（外気温-5℃、外気相対湿度70%）で、暖房空間の室温に対する平均放射温度（MRT）の違いによる「人体内部でのエクセルギー消費速さ」です。エクセルギーは熱力学の概念で、熱や物質の資源性を表します。人体内部で消費されるエクセルギーは、ヒトの温熱快適性に密接な関係があり、「温熱環境を起因とする体温調節負荷（人体皮膚表面積1㎡あたり）」を表します。この図からは、人体で消費されるエクセルギーがほどよく小さいと、温熱的なストレスが小さく、身体が穏やかな状態にある室温と平均放射温度の組み合わせを予想することができます[1]。

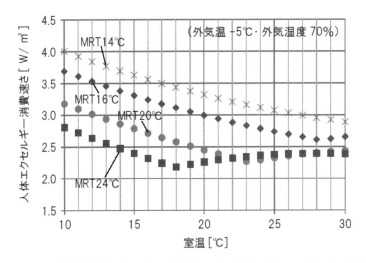

図Ⅱ-2.18 室温と平均放射温度（MRT）の組み合わせによる人体エクセルギー消費速さ（札幌）

　札幌では冬、外気温が-5℃前後になる日が多いですが、そのとき室温が概ね20℃前後であれば、「寒さ」を感じることはないと経験的にわかっています。しかし、室温が20℃を確保されていたとしても平均放射温度が室温よりも著しく低い場合は「寒さ」を感じることがあります。たとえば、室温が20℃のとき、平均放射温度が14℃と24℃の人体エクセルギー消費速さを比較すると、14℃：3.3W/m²、24℃：2.2W/m²です。つまり、室温20℃でも平均放射温度の高い方が人体内部での体温調節に余計なストレスがかからないことがわかります。

　また平均放射温度が24℃で室温が18℃のとき、人体エクセルギー消費速さが最小（2.1W/m²）になります。これは、室温よりも平均放射温度を高めに保つこと、つまり開口部を含む建築外皮の高断熱性を確保することが重要であることを示しています。室温18℃、平均放射温度24℃になる条件の室内環境はほとんどないと思われるかもしれません。しかし最近、流行りの薪ストーブや放射式暖房のパネルそばであれば、このような空気温度と平均放射温度の組み合わせの室内環境があります。実際、北海道をはじめ、北欧・中欧諸国の組積造（外断熱工法）の室内では、平均放射温度が室温より高い環境になるのは珍しくありません。

　床暖房や壁暖房のような周壁を直接温める放射式暖房は、暖められた空気が室内に供給される対流式暖房よりも快適といわれますが、**図Ⅱ-2.18**の結果はその関係を表しています。作用温度を高めるためには、空気を直接加熱する対流式暖房で室温を上昇させることが多いですが、開口部を含む建築外皮の断熱性を良好にして平均放射温度を室温よりもやや高めにコントロールする方が、快適性と省エネルギー性の双方の向上に寄与します。

　平均放射温度を知りたい場合は，室内であれば床面や窓面，壁面の表面温度を計測すると大よその値がわかります。そのような時は**写真II-2.11**にに示す「放射温度計」が便利です。あらゆる物体はその表面温度に応じた波長をもつ赤外線を放っています。放射温度計は、この赤外線を捉えて発生する電気信号の大小を表面温度に換算して表示します。非接触で簡易に計測できる温度計が、最近は比較的、安価で手に入れられます。

写真II-2.11　窓ガラスの表面温度を測定している放射温度計

参考文献

1）宿谷昌則（編）・西川竜二・高橋達・斉藤雅也・浅田秀男・伊澤康一・岩松俊哉・マーセルシュバイカ：エクセルギーと環境の理論　−流れ・循環のデザインとは何か―，井上書院，2010

【体験】 住居模型を用いて暖かい家の要件を学ぼう

▶ **概要：**

　現代は、暖冷房機器が普及したことによって、私たちは寒い冬でも快適に過ごすことができます。しかし同時に、このようなライフスタイルによって化石エネルギーの消費が増え、温室効果ガスの増加も招いてしまっています。このようななかでは、一人ひとりが設備機器に頼るだけではなく、自然のポテンシャルを活かしながら快適さを得られる気候調節の方法について考え、ライフスタイルに反映することは、次世代に豊かな地球環境を受け継ぐうえで重要でしょう。そのためには居住者の意識変革が必要となりますが、ここでは、その動機づけの手段のひとつとしての体験型ワークショップをご紹介いたします。なお、「保護者の補助を得ずに作業に取り組める年齢」と考えられる小学校5年生から中学生までを対象者として想定していますが、小学校低学年であっても、保護者といっしょに楽しむこともできると考えられます。

▶ **ポイント・注意事項**

- カッターや直尺（定規）の取り扱いには注意しましょう。
- 後述する模型作りとコンテストを行う場合、模型を作る部屋とコンテストを行う部屋はなるべく同じ気温になるようにしましょう。大きな温度差があると、部屋の移動とともに模型の温度変化が始まってしまい、模型実験で見られたような整然としたグラフを得られなくなります。

▶ **必要なもの**

- (1) カッター　　　　　人数分
- (2) カッターマット　　人数分
- (3) 直尺（定規）　　　人数分
- (4) 接着剤　　　　　　人数分
- (5) 感覚の比較実験用の3種類の板（発砲スチロール、木、タイル）　　それぞれ1枚ずつ
- (6) 100 Wの白熱電球　　3個＋コンテスト用模型の数
- (7) 温度計　　　　　　　3個＋コンテスト用模型の数
- (8) コンテスト用模型の材料
  15×15×0.3 cmのスチレンボード、14×14×0.03 cmの塩ビ板、
  250 gの油粘土、その他　　　　　人数分
- (9) 住居模型 A、B、C、D 制作用の材料（下記を参照）

住居模型 A（基本）

材料	縦×横×厚さ（cm）	数量
スチレンボード	20×20×0.3	4 枚
スチレンボード	21×20×0.3	2 枚
塩化ビニール板	18×18×0.03	1 枚
画用紙（油粘土と同じ色）	19×19	2 枚

＊画用紙の色を油粘土と同じ色にするのは、実験条件をほぼ同じにするためです。

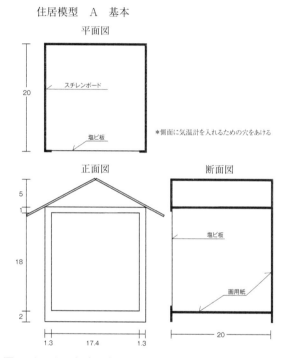

図II-2.19 実験用住居模型 A の仕様（数字の単位は cm）

住居模型 B（断熱）

材料		縦×横×厚さ（cm）	数量
スチレンボード		20×20×0.3	4 枚
スチレンボード		21×20×0.3	2 枚
塩化ビニール板		18×18×0.03	1 枚
発泡スチロール	壁	22×22×1	2 枚
	壁	22×20×1	2 枚
	天井	20×20×1	1 枚
	床下	19.4×20×1	1 枚
画用紙（油粘土と同じ色）		19×19	2 枚

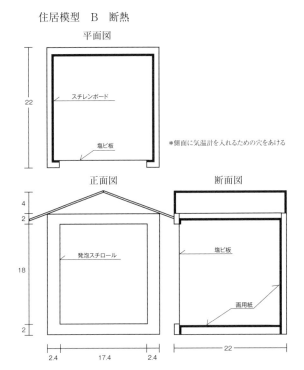

図Ⅱ-2.20 実験用住居模型Bの仕様（数字の単位はcm）

住居模型C（蓄熱）

　　住居模型Aの画用紙の代わりに油粘土を貼りつける。

▶ **実験1：3種類の板を触ったときの感覚の比較実験（熱伝導に関する実験）**

▶ **所要時間：5分程度**

▶ **手順**

①　表面温度が同じ3種類の板（発砲スチロール、木、タイル）に触ってもらい、（3つを比較するかたちで）どのように感じたかを尋ねてください。

②　同様に、40℃近くに暖めておいた3種類の板に触ってもらい、どのように感じたかを尋ねてください。

③　なぜ3種類の板は同じ条件下にあっても、触ると違うように感じるのかを考えてもらってください。

＊　①については、3枚を同じところに30分程度放置すれば、3枚ともほぼ室温になります。②については、3枚をやはりほぼ同じところに置き、30分ほど、電気毛布などで加熱するとよいでしょう。

▶ 実験２：模型箱内の気温変化の観察①（断熱・蓄熱に関する実験）

▶ 所要時間：25 分程度

▶ 手順

①住宅模型 A、B、C に 15 分間ライトを当て、模型箱内の気温変化を 1 分ごとに記録してもらってください。

②15 分経ったらライトを消し、ライトを消してから 5 分後の気温を記録してもらってください。

③記録から A、B、C それぞれのグラフを描いてもらってください。

④グラフを比較してもらい、気づいたことやなぜそうなったのかを考えてもらってください。その後、気づいたことや考えたことを尋ね、発表してもらってください。

写真Ⅱ-2.12　模型実験の様子

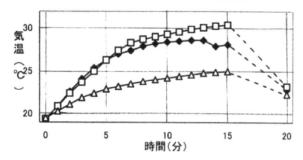

◆ 住居模型 A　□ 住居模型 B　△ 住居模型 C

図Ⅱ-2.21　住居模型 A のグラフが一旦下がっているのは、実験中に参加者が温度計を動かしてしまったためです。

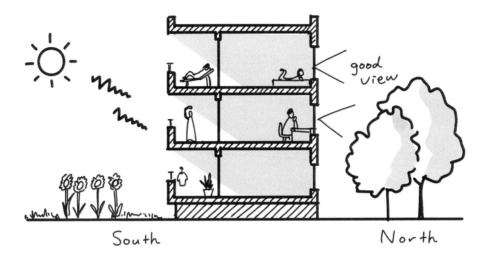

column コラム

北向き部屋のポテンシャル

South　North

good view

　通常、私たちが住まいを選ぶするときは南面窓のある部屋を好みます。たとえば、都市部に建つ新築の分譲マンションでは「南東の角部屋」から先に完売しますし、住戸の販売価格が一番高いのは、「南向き部屋」の高層階です（北海道では南西に面する住戸の人気も高いようです）。

　「南向き部屋」が好まれる理由は、第一に太陽光が直接入り、採光によって室内を明るくできるからでしょう。また、秋から冬にかけて、窓を透過した太陽が室内の床や壁に吸収され熱になるので「ひなたぼっこ」ができることも理由にあるでしょうか。この「南向き信仰」は、日本だけでなく北半球に位置する国や地域であれば共通のことでしょう。その反対にオーストラリアや南米などの南半球の国や地域では「北向き信仰」かもしれません。

　以上とは反対に「北向き部屋」をあえて計画している温暖地での事例があります。**図Ⅱ-2.22**は、熊本大学構内にある同大学の前身「第五高等中学校（現在の五高記念館）」の、1889（明治22）年に竣工した校舎の平面図 [1] です。この校舎は廊下が南側で教室は北側にあります。**写真Ⅱ-2.13**は、ベトナム北部のドォウンラム村（首都のハノイ近郊）にある伝統的な農家建築で母屋自体は200年ほど前に建てられたものが多く北向きの開口になっています。

　いずれの事例も冷房（当時も今もエアコン）はなく、北向き開口にすることで夏の強

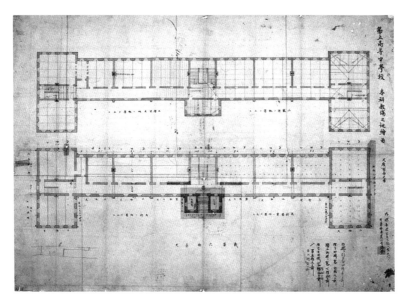

図II-2.22　五高記念館　平面図[1]（上が北）

写真II-2.13　ベトナム・ドゥオンラム村の住宅の外観（口絵参照）

い日差しを抑え、（冷房なしで）室内で過ごすことができるようにしていると考えられます。ベトナムでは夏の外気温が35℃以上に達するので、居間の開口を北向きにすることによって室温を30℃前後に維持し、北からの涼風を室内に採り入れています[2]。

　最近、断熱性の高い建築が増えている寒冷地でも「北向き部屋」の魅力が徐々に認識されつつあります。2000年以降、Low-E（低放射）トリプルガラスや真空ガラス、木・樹脂製サッシなど高断熱な窓材の普及が進みました。建築全体の断熱・気密・換気の技術が飛躍的に向上したことによって、冬季に過度な暖房エネルギーもかけずに室内で「温もり」が得られるようになりました。

写真Ⅱ-2.14　北面に大空間があるオフィスの外観と内観（福井・オレンジリビングベース）

　写真Ⅱ-2.14 は、福井県にある北面に大きな窓があるオフィス空間です。このオフィスがある敷地は南に町屋が迫っていて、北に前面道路があるので入口（主開口）は北向きにならざるを得なかったのですが、断熱性の高い低放射ガラス・木製サッシを採用することで夏季は涼しく、冬季でも温もりが得られる空間になっています。福井の夏の日中は気温が30℃以上になり、冬は降雪もあるので、夏・冬の双方に対する備えが必要です。「北向き部屋」であっても開口部の断熱性を高めることによって（建築躯体の高い断熱性能とともに）、一年を通して「心地良さ」が得られます[3]。

　最後に興味深い調査の結果を紹介しましょう。北海道の総合病院に入院する患者さんが冬季に室内で感じる「明るさ」についてです。この病院の療養室は南向きと北向きがあり、それぞれの患者さんの明るさ感を比較しました（**図Ⅱ-2.23**）。南北それぞれの病室の照度（ベッド廻り）は、もちろん「南病室」の方が「北病室」よりも高いのですが、「北病室」にいる患者さんの明るさ感は「南病室」の患者さんよりも高かったのです。「南病室」の患者さんは「暗さ」をむしろ感じています。これは、「南病室」で得られる照度は高いのですが、日射の強弱による変化の幅が「北病室」より大きいことによって「暗さ」感を誘発していると考えられます。また「北病室」の患者さんは普段から長い時間その空間にいるので自らが求める明るさ基準が「南病室」の患者さんよりも低い可能性があります[4]。

　私たちは暗黙のうちに「南向き信仰」になっていますが、温暖地にはかって「北向き部屋」がありましたし、最近では寒冷地にも事例が出てきました。こうした「北向き部屋」の魅力を以下にまとめました。

1）北向き部屋は、夏季の日射受熱量が他方位に比べて最小なので「涼しさ」を得やすい。

2）一年を通じて、北向きの窓から見える景色は鮮やかで美しい（眩しさがない）。

3）一年を通じて、日射受熱量が最小なので壁・家具などの日射受熱による変色が少ない。

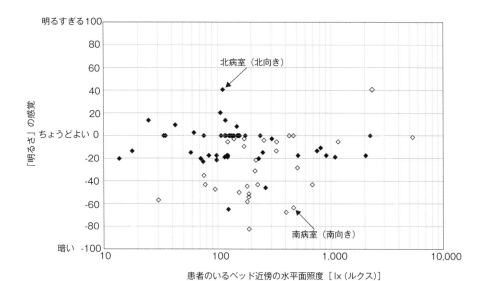

図II-2.23　南北両面の療養室における入院患者の「明るさ」感の比較
（北海道・空知地方の病院）

参考文献
1）所蔵　熊本大学五高記念館
2）斉藤雅也・中谷航平・原大介・篠崎正彦・内海佐和子・西村伸也・棒田恵：ベトナム農村民家の夏季の熱環境と住まい手の感覚・行動に関する研究　その1，日本太陽エネルギー学会講演論文集2019，pp.246-249，2019
3）斉藤雅也・増永英尚・上遠野克：オレンジリビングベースの熱環境と住みこなし，日本建築学会第49回熱シンポジウム予稿集，2019
4）髙儀郁美・津野柚衣・宮崎智仁・斉藤雅也・細海加代子・檜山明子・大平雅雄・石田勝也・樋之津淳子・中村惠子：療養環境における入院患者の快・不快感に関する研究　その2．病床照度と患者の明るさ感・快適感，日本建築学会北海道支部研究報告集 No.91，pp.219-222，2018

（2）断熱の効果を知る

　住まいの冬の備えとして"断熱"が重要らしいという認識は珍しくないようです。断熱材という保温性の高い素材として、ガラス繊維や、発泡スチロールのような微細な気泡の入ったプラスチック、場合によっては羊毛が外壁などに封入されていることを知っている住まい手の方も少なくないかもしれません。しかし、そもそも、なんで、どのようにして断熱が暖房のために必要になるのかについてきちんと理解できている人はそれほど多くないと思います。そのため、ここでは「断熱性能はあってあたりまえ、不十分だったら欠陥」ということを解説したいと思います。

■ 住まいから冷たい場所をなくす断熱は快適性とエネルギー性能を高める

　図Ⅱ-2.24は断熱性能の低い住宅での暖房を表現しています。たとえば、築年数30年を超えるような老朽化住宅での暖房を考えてみます。そのような古い住宅の場合、断熱材が設置されていない、あるいは設置されていても十分な厚さではない例が珍しくありません。

　ビールを入れるような銅製の容器と、発泡スチロールでできた、インスタントラーメンの容器にお湯を入れた場合を想像してみると、どちらの容器の方が保温性に優れているかすぐにわかります。それは発泡スチロール容器です。住宅でも同じことで、室内が暖房装置によって20℃ぐらいに暖められている場合、室内から外壁などを通じて熱が外に逃げてしまうことを抑えるために、断熱材が外壁や天井、床に設けられています。だから、断熱性能の低い住宅の場合では、熱損失が大きくなるわけです。

　もっとも熱を通しやすい部位である窓は表面温度が低くなっているので、窓で冷やされた室内の空気も低温になります。空気や水は温度が下がると重く（密度が大きく）なるので、窓の近くから冷たい空気が足元に流れ落ちてきます。これがコールドドラフト（冷気流）です。

暖房していても窓の温度は壁より低いので、足元へのコールドドラフトは生じたままで、顔がエアコンからの温風で火照り、頭がぼーっとします。暖房をしているのに、暑さと寒さが"共存している"わけです。大きな熱損失を補うために暖房装置を稼働させるので、電気や化石燃料の使用量も小さくありません。

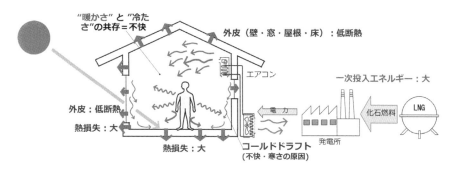

図II-2.24　断熱性能の低い住宅での暖房

　これに対して、**図II-2.25**の断熱性能の高い住宅では、窓がいわゆるペアガラス（正式名称は複層ガラス）やトリプルガラス（三層ガラス）といった高断熱仕様になりますので、熱損失が小さくなり、シングルガラスほどの低温にはならず、窓辺のコールドドラフトの発生が抑えられます。住まいから冷たい場所が減るわけです。外壁や天井、床にも十分な厚さの断熱材を設置していますので、それらからの熱損失が小さくなり、壁などの表面温度の低下が抑えられます。

　低温の部位が生じにくい状態で室内に日射や、家電製品の廃熱、さらに暖房装置からの熱が与えられるわけなので、断熱性能の低い住宅での暖房と違って、場所による大きな温度差を生じることなく暖房が可能になります。壁や窓、屋根、床といった外皮からの熱損失が小さくなっているので、暖房装置からの供給熱、さらには暖房装置を稼働させるための投入エネルギーも小さくなります。

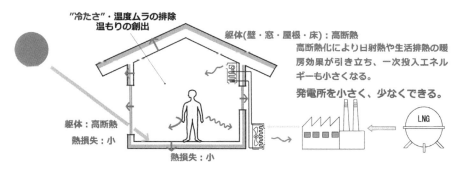

図II-2.25　断熱性能の高い住宅での暖房

　写真Ⅱ-2.15は長野県のある小学校を断熱改修する前と後における教室にいる子どもたちの様子です。改修前の無断熱教室（左）では石油ストーブで暖房している最中にも関わらずアウターを二重に着ていたのに対して、断熱改修後の教室（右）では窓からの日射のみで半袖になれるほど暖かい環境に変化しました。改修前の窓際はコールドドラフトと人体の過大な放射放熱で近寄りがたい場所でしたが、窓が複層の断熱ガラスに改善されたことで、子どもたちは窓際まで教室での活動範囲を拡げられるようになりました。これは、**写真Ⅱ-2.16**のように、無断熱だったコンクリート外壁の外側に発泡樹脂系のボード断熱材を張り付け、窓ガラスを単層から複層に変えた結果です。

写真Ⅱ-2.15　無断熱教室（左）と断熱改修教室（右）における子ども達の様子 [3]

写真Ⅱ-2.16　小学校の断熱改修の例（長野県下伊那郡高森南小学校、写真提供：北瀬幹哉）

■ 窓は暖房にとっての急所

　断熱性能は外壁、床、屋根（天井）、窓のいずれにも相当程度以上に確保したい機能ですが、予算や空間などの都合上どうしても断熱する部位を限定せざるをえないことも珍しくありません。そのような場合、窓の断熱を優先します。**図Ⅱ-2.26**は住宅の熱損失の内訳を示したものです。左側の円グラフは北海道での平均的住宅に相当する場合を表していますが、開

口部からの熱損失が小さくなく、全体の約1/4を占めています。もっと断熱性能の高い、すなわち熱損失が小さい右の円グラフでも、やはり開口部からの熱損失は約1/4になっています。このように窓は外壁に比べて面積が小さいにも関わらず熱損失が大きいので、窓の断熱性能改善が優先順位として最上位にあげられることになります。

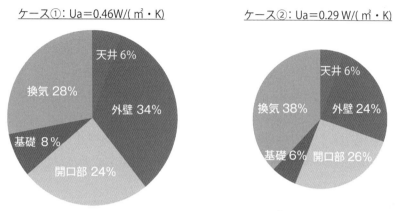

図II-2.26　住宅の熱損失の例[4]

　窓の断熱性は過去30年近くで飛躍的に向上しました。**図II-2.27**はガラスとサッシをあわせた熱貫流率を窓の種類を並べて比較したものです。熱貫流率は内外温度差1℃の場合における窓の熱損失を表しています。シングル（単層）ガラスが6.51W/m²Kであるのに対して、複層ガラス・アルミサッシでは4.65 W/m²Kに下がり、三層ガラス・木製サッシでは

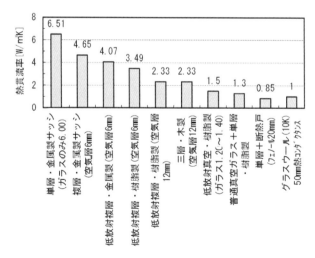

図II-2.27　ガラスとサッシをあわせた熱貫流率（内外温度差1℃での熱損失）の比較[5]
（図版提供：須永修道）

2.33 W/m²K にまで低減されています。とはいえ窓の断熱性能は外壁よりは低いわけで、外壁用断熱材であるグラスウール 50 mm は熱損失が 1.0 W / m²k です。

　以上をふまえると、窓は単層よりは複層、複層よりは三層が望ましいことになります。ところが複層ガラスにしたからといって、コールドドラフトなどの寒さの原因がまったく生じなくなるとはかぎりません。可能であれば、それらの断熱ガラス上にも断熱の設(しつら)えがあった方が望ましいのです。

　写真Ⅱ-2.12 はハニカム構造をもつ断熱スクリーンと、複層ガラスとの表面温度の比較です。これは石油ストーブで暖房した状態で計測した結果ですが、複層ガラスの表面温度が 17〜18℃になっているのに対して、その手前側に吊るした断熱スクリーンの表面温度は 23〜24℃になっており、複層ガラスより 5〜7℃高くなっています。このような断熱スクリーンを設置すれば、大きな面積の複層ガラスであっても、コールドドラフトがほとんど生じなくなります。ただし、ガラスがシングルガラスのままで断熱スクリーンを下ろす場合では、窓面の結露がスクリーンのない場合に比べて著しく悪化しますので、絶対に避けてください。

写真Ⅱ-2.17　ハニカム構造をもつ断熱スクリーン（左、写真提供：セイキ総業（株））と複層ガラスとの表面温度の比較（右）（口絵参照）

参考文献・出典

1) 野沢正光・甲斐哲朗・高橋達ほか：エコリノ読本―住まいをリノベーションしてエコな暮らしを手に入れる，新建新聞社，pp.79-81，2014
2) 高森町教育委員会・（株）中村勉総合計画事務所：平成 18 年度 高森町 学校エコ改修と環境教育事業報告書，高森町，2006.3
3) 環境省・（株）エコエナジーラボ：学校エコ改修と環境教育事業モデル校における 3 年間の取り組みのまとめ―平成 17 年度採択校／平成 18 年度採択校報告書教育事業報告書，環境省，2008.3
4) 斉藤雅也：北方型住宅の熱環境計画 2021（第 4 章開口部の計画），（一社）北海道建築技術協会，p.96，2021
5) 日本建築学会編：設計のための建築環境学―みつける・つくるバイオクライマティックデザイン，彰国社，pp.50-53，2011

【体験】お手製サーモグラフィー

▶ 概要：

　住宅の断熱の良し悪しが、暖かさ・涼しさに大きく影響するらしい……多くの人がそうは思っていても、壁や天井などの中に設置されている断熱材を見たことがある人は、そう多くはないでしょう。その断熱材の厚さは、夏は天井からのあぶられるような熱の抑制に、冬には肌にさしこむような冷たさの予防に大きく影響します。これらのことは家づくりのプロ以外には認識されていないことかもしれません。自動車における燃費と同じように、外壁などの断熱はまさに住宅の冷暖房の燃費を決定する主要因ですので、自動車でこだわる燃費のことを住宅については頓着しないのは、不思議なことといえるでしょう。以下は、外壁などの断熱の良し悪しを簡単な測定で実感できるようにする気づきのための学習プログラムです。

▶ ポイント・注意事項

- 部屋ごとに、表面温度の違いが表れそうな範囲でグリッド線を書き込んだ室内パースを複数作成しておく必要があります。

▶ 必要なもの

(1) 放射温度計

　　壁などの表面温度を簡単に測るセンサーとして放射温度計があります。放射温度計は安いもので 1,000 円足らず、高くても 20,000 〜 30,000 円ですので、住宅会社などの家づくりのプロにとってはさほど高価ではない機材です。

(2) グリッド線を書き込んだ部屋のパース（透視図）× 6 枚

　　予備のコピーを用意しておきましょう。

(3) 色鉛筆や色ペン

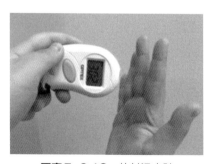

写真II-2.18　放射温度計

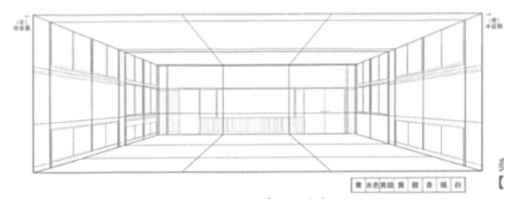

図Ⅱ-2.28 表面温度を色鉛筆で塗分けるようにグリッド線を書き込んだ部屋のパース（透視図）

　家づくりのプロの方は、モデルハウスとそのすぐそばのプレハブ小屋などで、（1）分厚い断熱材が設置されている部屋、（2）断熱材が設置されていない部屋（あるいは薄い断熱材が設置されている部屋）、（3）分厚い断熱材と暖房装置の双方が設置されている部屋の3種類の部屋を確保してください。

　それぞれの部屋はサイズ、窓の大きさが同じか近い条件になっていれば、断熱の良し悪しのみの比較が容易になりますので、そのような条件の部屋を用意できることがベストです。たとえ窓の大きさがかなり違っていたとしても、低断熱の部屋の方が高断熱の部屋よりも窓が大きく、太陽熱の取得量が大きいはずなのに壁や床の表面温度が低い……このような測定結果が得られれば、測定結果から断熱の良し悪しを説明できるので、必ずしも厳密に同じ建築条件の部屋を用意する必要はありません。

　前述した3種類の部屋について、**図Ⅱ-2.28**のように、3種類の部屋の室内パースを描き、その中で表面温度に違いが表れそうな範囲間にグリッド線を書き込んでください。このグリッド線つきの室内パースは、予想の色塗り用3枚（3部屋）と測定結果の色塗り用の3枚（3部屋）で合計6枚用意する必要があります。

▶ 所要時間：1時間40分程度

▶ 手順

① モデルハウスとは別の事務所などで学習内容を説明します（5分）。予想用室内パースに、断熱済の部屋と未断熱の部屋、断熱済みで暖房を行なっている部屋の表面温度分布の予想を色塗りし、窓際・部屋中央・部屋入口の暑さ・寒さの感覚の予想もパースの窓際・部屋中央・廊下側に書き込みます（15分）。

② 断熱された部屋に入室し、温冷感を研ぎ澄まして体感したうえで、窓際・部屋中央・部屋入口の暑さ・寒さの感覚を体感・測定用室内パースに書き込みます。ついで、各壁・

床・窓の表面温度を放射温度計により測定・記録し、色で塗り分けます（25分）。

③ 断熱されていない部屋に入室し、温冷感を研ぎ澄まして体感したうえで、窓際・部屋中央・部屋入口の暑さ・寒さの感覚を体感・測定用室内パースに書き込みます。ついで、各壁・床・窓の表面温度を各面5点以上で放射温度計により測定し、記録します（25分）。

④ 断熱されて暖房もされている部屋に入室し、温冷感を研ぎ澄まして体感したうえで、窓際・部屋中央・部屋入口の暑さ・寒さの感覚を体感・測定用室内パースに書き込みます。ついで、各壁・床・窓の表面温度を各面5点以上で放射温度計により測定し、記録します（25分）。

⑤ 以上の①〜④を振り返り、予想と測定結果を照らし合わせてみます。すると、自分達が各部屋で得た体感が、色鉛筆で塗り分けた色にどう表れているかに気づいてもらえるようになります。

■ お手製サーモグラフィ制作の例：断熱や床暖房の効果を目と肌で実感

　熊本県水俣市立水俣第一中学校は、環境省補助の「学校エコ改修と環境教育」事業のモデル校に選定され、校舎の断熱改修とともに、太陽熱で暖めた外気を教室の床下に導入する太陽熱床暖房のシステム（OMソーラーシステム）を導入しました。

　ところが、このようなエコ改修を終えた後に入学した生徒たちは、どの教室にどのような工夫があって、真冬でも温もりが得られているかには無関心で、そのためにエコ校舎に対する理解も高くありませんでした。考えてみれば自然なことで、すでにあたりまえになっている快適性や利便性は、不快・不便の時代を経験しなければ、その価値には気づけないものです。

　このような事態を想定していた水俣第一中学校では、教育的意図から柔道場のみ断熱改修を行いませんでした。冬に、他の教室と柔道場とを体感で比べれば、何かが違うことに気づくはずで、その気づきから建物には当然の備えとして断熱が必要という学びにつながると考えたわけです。

　図II-2.29は実際、このような体験学習を生徒が体験した際に作成したお手製サーモグラフィです。上段の図が未改修の柔道場、中段の図が改修済みだけど床暖房停止時の教室、下段の図が改修済みで床暖房稼動時の教室の結果です。まず上段の図の柔道場では、壁などの色が10〜12℃を表す青や12〜14℃の水色、天井の色が14〜16℃の緑になっています。これが、中段の図の断熱改修した教室では、壁の色が16〜18℃の黄色に変わっています。もちろん、この色の変化は、外壁などの断熱性の向上によるものです。下段の図では、壁などの色が20〜22℃の赤や22〜24℃のピンクに変化しており、これは外壁の断熱に床暖房効果が加わったことを表しています。すなわち、建物を断熱すれば、室内の底冷えを防ぐことができ、そのうえで暖房を行えば、下段の図のように、低温の場所、寒さが室内から消えていく、という暖房の基本がお手製サーモグラフィから見てとれるわけです。もちろん、これは、生徒たちの体感と一致していました。

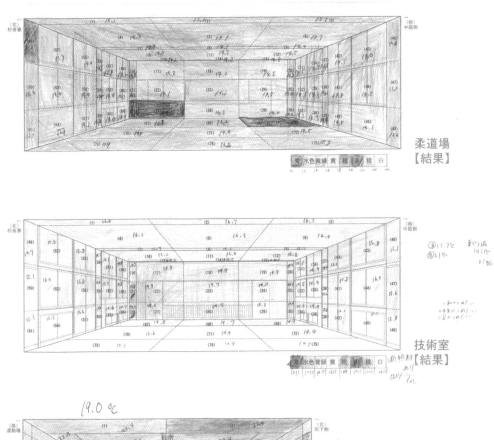

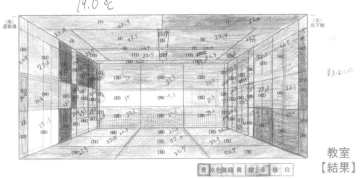

図Ⅱ-2.28　水俣市立水俣第一中学校のお手製サーモグラフィ（口絵参照）

【体験】簡易な断熱効果の感じ方

▶ 概要：

　ヒートショックの予防や住宅内での活動量を増すために住宅の断熱性を適切に確保することは大切ですが、費用をかけて断熱改修をしようとまで思う人は少ないはずです。どうしても暖房で暖めればいいと思ってしまうものです。それは私たちが断熱性が低い寒い住宅の暮らしに慣れてしまったせいでもあります。一度、断熱性の高い住宅に住むと効果はすぐにわかるのですが、そこまでの道のりが遠く、断熱性が適切に確保された住宅はまだまだ少ないのが現状です。

　ここでは、実際に断熱材の効果を体感することから、その重要性に気づく簡単なしかけをご紹介します。ホームセンターで入手できる素材を切って使うだけです。触れる窓や壁さえあればどんな場所でも実施できるので、授業の一部としても取り入れられます。触った方は、断熱ってすごい、冬の暖かさや健康のために自宅に取り入れてみようと思えるはずです。

▶ ポイント・注意事項

- 断熱効果を可視化することも助けになりますが、その前にしっかり触って感じることが重要です。
- 可視化や表面温度測定をする前に、何度なのか、材料間で何度の差があるか予想することが重要です。
- 寒い季節に、断熱されていない外壁や窓を使う必要があります。材料を設置する部屋は暖房をつけたままでよいですが、温風が対象材料にあたると体感を得にくいので、体感中は温風暖房を停止した方がよいです。
- 床を体感するときは、厚手の靴下は感じづらいので不向きです。素足や薄手の靴下のほうがわかりやすいです。

▶ 必要なもの

(1) 放射温度計：コロナ禍で額の表面温度を測るときに使う非接触の温度計。安いもので2,000円程度。

(2) 窓用の材料・手の面積よりも一回り大きいサイズ
　　プチプチシートなど緩衝材　約30cm×30cm
　　プラダン　約30cm×30cm×厚さ4mm（45cm×30cm×厚さ4mm：約1,400円）

(3) 外壁用の材料：手の面積よりも一回り大きいサイズ
　　クッションシート　約30cm×30cm×厚さ6mm（70cm×70cm×厚さ6mm：約800円）
　　ポリエチレンフォームなど断熱材　約30cm×30cm×厚さ10〜30mm（30cm×

30 cm ×厚さ20 mm：約 1,500 円）

（4）床用の材料：足裏の面積よりも十分に大きいサイズ

ジョイントマット（ポリエチレン）　約 30 cm × 30 cm ×厚さ 1 cm：4 枚以上（金額：600 円 / 9 枚入り）

カーペット、ござ、畳など

▶ 体験：DIY 簡易断熱の効果の体験

▶ 所要時間：30 分程度（体験のみ）

▶ 手順

「高齢者の冬の住まいのヒートショック予防講座」（60 分）の中で実施された体験部分を紹介します。

①住まいの冷えと暖かさの基本的な原理を解説してから、空気層を含む材料（断熱材）の効果をグラフ等で示します（約 20 分）。その後、DIY による居間の壁や床、窓の簡易断熱の紹介をして（約 10 分）、実際の体験に移行します。

②講座開始 30 ～ 1 時間前に、北側に面した室をあらかじめ暖房しておきます。さらに、窓と外壁に上記（2）および（3）を両面テープや養生テープなどで貼り付けます。上記（4）の床材料は、床暖房や下階が暖房室である部屋を避けて、1 階の部屋の床や上階の廊下などに敷く。高齢者が体験する場合は転倒防止に配慮します。

③体験直前に、温風が体験者にあたらないように暖房を止めます。材料（1）～（3）の体験する順番は問いません。

④体験者は窓の前に立ち、単板ガラスと材料（2）を同時に左右の手のひらで触ります。目

写真Ⅱ-2.19 クッションシートと通常の外壁を触り比べる

写真Ⅱ-2.20 ジョイントマットと通常の床を体感

を閉じて手のひらの感覚を意識します。その後、熱的な感覚の違いや表面温度を体験者間で予想させてから、放射温度計で温度を測ります。材料が複数ある場合はその違いを適宜解説します。（一つの材料5～6人で約3分）

⑤外壁については、材料（3）を用いて、④と同様に実施します（**写真Ⅱ-2.19**）。（一つの材料5～6人で約3分）

⑥床については、何も敷いていない冷えた床と材料（4）に左右の足を同時に乗せます（**写真Ⅱ-2.20**）。数秒乗せて熱的な感覚の違いを体感します。放射温度計で測定するとほとんど温度差はないが、ジョイントマット等は暖かく感じます。材料の熱伝導率とはなにかを、その場で補足しながら材料を手のひらでも触り、扱いやすさも確認するとよいでしょう。（一つの材料5～6人で約3分）

2.3　湿度との付き合い方

（1）乾燥対策は必要だけど、加湿にも注意が必要

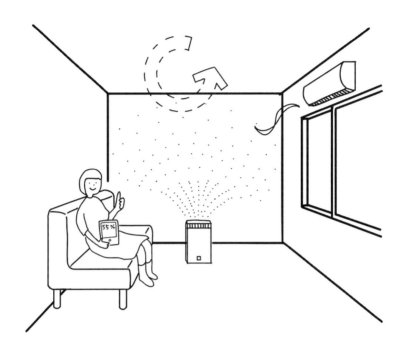

■ さまざまな加湿の方法

　冬はただでさえ空気が乾燥するのに加えて、室内で暖房機器を使用するため、さらに空気が乾燥しがちです。

　空気の乾燥は、肌荒れや喉の渇き、静電気の原因になるだけではなく、インフルエンザなどのウイルスが広がりやすい環境でもあります。また、湿度は体感温度にも影響を与えます。夏は湿度が低い方が蒸し暑さを感じにくく、反対に冬は湿度を高めた方が暖かさを感じやすくなります。

写真Ⅱ-3.1　フィルターも定期的洗浄、乾燥が必要

　乾燥の対策として広く知られているのが加湿器の利用です。加湿器には主に3つのタイプの加湿の方法があり（気化式、スチーム式、超音波式）、それぞれ加湿のしくみが異なりますが、共通して注意しなければいけないのは、こまめなお手入れが必要ということです。お手入れを怠って機器本体やフィルターにカビが発生した状態での使用は湿度と一緒にカビも室内に撒き散らしていることになります（**写真II-3.1**）。

　加湿器の利用以外の方法としては、燃焼時に水蒸気を発生させる石油ストーブ、ガスファンヒーターの使用、さらに、ストーブの上に水が入ったヤカンをおく、あるいは水を入れたコップや観葉植物を置いておくなどの方法があります（**写真II-3.2**）。また、鍋やポット、調理の際に発生する湯気や、洗濯物の部屋干し、お風呂場のドアを開けておくなど、日常生活の中で発生する湿気を有効に利用する方法もあります。

写真II-3.2　日常生活においてもさまざまな場面で水蒸気は発生する。左から洗濯の室内干し、観葉植物、シャワーやお風呂の湯気の利用など、加湿器以外の加湿方法。

■ 湿度のコントロールは難しい

　さまざまな方法で水蒸気を発生させることは可能ですが、室内の湿度を適切にコントロールすることはなかなか難しいことです。発生した水蒸気はこちらが望むように勝手に均一に室内に移動してくれるわけではありません。加湿器の取り扱い方法にも、できるだけ壁際や窓際には設置せず、できれば部屋の中央のやや高めの位置に置き、サーキュレーターなどで撹拌すると効果的といった説明がされています。

　また、せっかく発生させた水蒸気が窓や壁などで結露してしまい、部屋の湿度を上げることに貢献してくれない場合もあります。発生した水蒸気は温度の低い部分を目指して移動します。その移動先は窓や壁、押入れの中などです。また、寝るときに暖房を止めて、部屋全体の温度が下がるような状態で加湿器を運転していると、より結露しやすくなります。（詳しくは次項「（2）結露の対策は断熱と換気」で解説）

　これらのことを考えると、根本的な対策は、家そのものの断熱性・気密性を高めて、家の中に大きな温度差をつくらないことや、日中と夜間の温度差をできるだけ小さくすることです。また、断熱性・気密性が高い住宅では全熱交換換気という換気方法をとることが多く、この換気方法では、室内の熱と湿気はできるかぎり残しながら汚れた空気だけ排気して、外の新鮮な空気を取り込むので、換気による乾燥を抑制します。

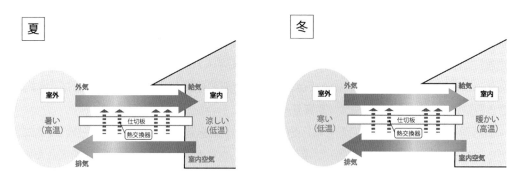

図Ⅱ-3.1 全熱交換換気　屋外の空気を取り込む際に、排気する室内の空気とフィルタを介して交差させることで、冬は部屋の暖気、夏は部屋の冷気を受け取りながら外気を取り込む換気方法

■ まずは実態の把握からスタート

　感覚的に乾燥を感じることはあっても、見えない湿度をコントロールするのは難しいことですので、湿度計でチェックすることから始めましょう。湿度計は一家に一台ではなく、乾燥や結露が気になる場所に設置することがポイントです。

　冬の理想的な室内温度18℃〜22℃、室内45%〜60%といわれています。もちろん、快適の感じ方は個人差や体調による感じ方の違いはあります。ただ、こまめに室温や湿度をチェックしていて、いつもと同じ室温なのに寒く感じると思ったら、風邪のひき始めかもしれません。客観的な指標で家の中の状態を確認しながら、「乾燥しすぎじゃないか?」「過剰な水蒸気が発生していないか?」をゲーム感覚で確認したり、自分の体調も確認するためにも室温や湿度のチェックを習慣にすることをお勧めします。

写真Ⅱ-3.3 記憶や感覚に頼るだけでなく、定期的に測ることで客観的な判断材料になる。左から温湿度計、体重計、血圧計

（2）結露の対策は断熱と換気

■ 空気が乾燥している冬に結露が発生する理由

　冬になると空気は乾燥しがちなのに、朝、窓のガラス全面には水滴、そしてカーテンまでびっしょりするほどの結露に悩まされることも多いと思います。結露が原因で発生するカビやダニは、シックハウス症候群やアトピー性皮膚炎、アレルギー性鼻炎、喘息の原因となります。また、木材の腐食やシロアリ発生の原因など、家の耐久性にも悪影響を与えます。

　結露は空気中の水蒸気が水になる現象です。冬の乾燥した空気でも、空気中には水蒸気が含まれています。空気中に含むことができる水蒸気の量を飽和水蒸気量といい、飽和水蒸気量は温度が低くなるほど少なくなります。そして空気の温度が露点を下回ると水蒸気が水滴に変わります。冷たい水が入ったグラスの廻りに水滴がつくのは、グラスの周辺の空気が急激に冷やされて、空気中の水蒸気が水になるからです。

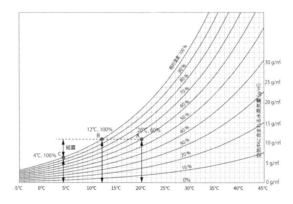

図II-3.2　飽和水蒸気量のグラフ
室温20℃・湿度約60%の空気（A）が12℃まで冷えると、室内の水分量は変わらなくても湿度100%の状態になる（B）。さらに室温が下がると、空気中の水蒸気があふれ、結露となって現れる（C）

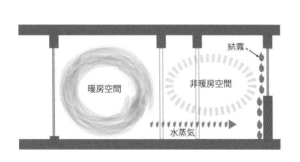

図II-3.3　建物内で結露が発生する場所

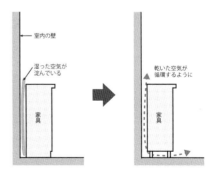

図II-3.4　家具の裏側なども結露しやすい場所のひとつ

■ 温度が低い部分に結露は発生する

　冬の室内では、暖かく湿った空気が温度の低い場所に移動して、そこで急激に冷やされるため結露が発生します。結露が発生しやすいのは、壁と比べて外の寒さの影響を受けやすい窓や、暖房をしていない部屋、あるいは空気がよどみやすい家具の裏側や押入れなどです。

■ 結露の発生を抑えるための2つの条件

　発生した結露の被害を少なくすることとは対策ではなく対処で、窓の結露水を吸収するシートや、結露防止スプレー、押入れなどに入れる乾燥剤など、手軽に購入できる商品も販売されています。ただしこれらはあくまで応急処置です。

　大切なのは結露が発生しにくい環境をつくることです。結露は温度と湿度の条件によって発生するため、それぞれの条件に影響を与える要素について対策を考えることが大切です。

■ チェック1　温度が低い部分、極端な温度差をつくらない

　家具や家電の裏側まで暖気が回り込むよう、壁との隙間を10cm程度あけることは、すぐにできることですが、根本的な対策としては、結露が発生する露天以下の温度になる場所をできるかぎりつくらないことで、そのためには断熱性能の向上が必要です。新築時における断熱性能が高いサッシの選択、外壁の断熱施工、既築の建物における断熱リフォームなどの方法です。建物全体の断熱性能を向上させることで、暖房を極端に高い室温設定にする必要がなくなり、場所による室温差も小さくなります。そうした環境は快適性の向上と、光熱費の削減にもつながりますので、適切な断熱は必要です。

写真Ⅱ-3.4　既存の建物においてサッシを交換せずに断熱性能を上げる方法として、窓の内側に後付が可能な製品もある（画像提供 YKKAP 社提供「プラマードU 引違い窓 窓タイプ 室内側 手前側の製品」）

■ チェック2　湿度を発生させない、発生した湿度は外に捨てる

　暖房器具の中では、石油ストーブやガスストーブ、石油ファンヒーター、ガスファンヒーターなど開放型と呼ばれる種類は、ガスや石油を燃焼させるため大量の水蒸気を空気中に放出します（**写真Ⅱ-3.5**）。また p.167 で紹介したような暖房器具以外の方法も、それらを窓や壁の近くに置くと結露の原因になりやすいので注意が必要です。

　また、換気は室内の湿気を外に捨てるので、結露を防ぐうえでは非常に有効です。特に最近の住宅は気密性が高まっていますので、結露対策だけではなく、室内の空気の汚れやCO₂濃度を下げるためにも意識的な換気が必要です。換気をするときは換気扇や排気したい窓の対極の位置の窓を開けて空気の流れを作ることが効果的です。空気は入るときは小さな隙間の方が勢いよく入り、出るときは大きい方が出やすい特徴がありますので、開け方の工夫で短時間に効率のよい換気ができます。換気は汚れた空気だけではなく、室内の熱も一緒に捨ててしまいますが、しっかりと断熱され建物は、部屋の空気温度だけではなく、床や壁の表面温度も暖かさに貢献しています。そういった点からも建物の断熱は必要です。

写真II-3.5
ストーブの水蒸気とヤカンからの水蒸気により、相当な量の水蒸気を放出

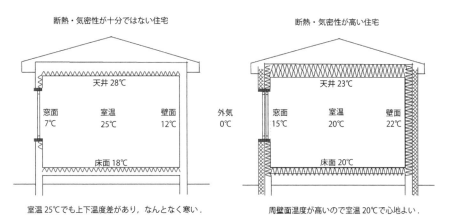

図II-3.5　断熱・気密性による室温と各表面温度の違い（図中の数値は概算値）

2.4　冬の上手な暖房設備の使い方

（1）暖房機器の種類とその特徴

　家庭用の暖房機器にもたくさんの種類があります。近年はエアコンが主流になってきていますが、床暖房を設置する住宅も増えており、寒冷地では灯油やガスのストーブ、ファンヒーターを利用する家庭も多いと思います。では、今お使いの暖房機器は、ご自身の住宅やライフスタイルに適したものとなっているのでしょうか？　暖房機器はその種類ごとに適した使い方があり、適していないと思うような暖かさが得られなかったり、無駄にエネルギーを消費したりしてしまいます。暖房機器の種類と暖かさの違いを理解したうえで、それぞれがどのような住宅、ライフスタイルに適しているのかを見ていきましょう。

■ 暖め方とエネルギー源から分類した暖房機器の種類

　暖め方には大きくわけて、温風で室内の空気を暖める方式と、放射熱（輻射熱）で目の前の人や壁床を暖める方式の2種類があります。前者を対流式暖房、後者を放射式（輻射式）暖房と呼びます。以下の暖房機器はそれぞれに該当しています。

　対流式暖房：エアコン、ファンヒーター等

　放射式暖房：ストーブ、床暖房、ホットカーペット、オイルヒーター、暖炉等

　また、エネルギー源には、電気、ガス、石油（灯油）、バイオマス（薪、木質ペレット等）などの種類があり、それぞれエネルギーの効率（省エネルギー性能）も異なります。たとえばストーブだけ見ても、電気ストーブ、石油ストーブ、ガスストーブ、薪ストーブなどがあり、この暖め方とエネルギー源の組み合わせで見ると、暖房機器はかなり多くの種類にわけられることがおわかりかと思います。では、これらの暖房機器は、暖かさでどのような違いがあり、どのような使い方が適しているのでしょうか。

■ 暖め方は、暖かさの感じ方と暖まる速さに影響する

　エアコンやファンヒーターのような対流式暖房は、機器から出る温風によって、室内の空気を攪拌しながら均一に暖めようとします。空気を直接暖めるので、部屋は比較的短時間で暖めることができ、とくに温風温度が高い石油やガスのファンヒーターは、すぐに暖まります。この即効性は対流式暖房の大きな利点です。しかし欠点もあります。まず、吹き抜けなど天井の高い空間でも全体を均一に暖めることになるので、人のいない上部空間までも暖めることになる点や、攪拌といっても室内での風速には限界があるため、上部には密度の小さい暖かい空気が溜まりやすく、上下温度差が生じてしまう点などがあげられます。

　この上下温度差を解消し、効率よく温める工夫の一つに、サーキュレータ（**写真II-3.6**）の使用があります。扇風機のように体に向けて夏に涼しくなるためにも使えますが、一番の目的は空気の攪拌なので、上方向にも首が動いて風が送れるのが特徴です。この攪拌によって、天井付近に溜まる暖かい空気を下方に送り、効率よく部屋を暖めることができます。

　一方で、ストーブや床暖房、オイルヒーターなどの放射式暖房は、室内表面の壁・床・天井を器具からの放射熱（輻射熱）により直接暖めます。室内表面が暖まるのには多少時間がかかるので速効性は対流式暖房に劣りますが、空気温度が低めでも体感温度を上げる効果があり、気流がなく上下温度差も生じにくいため快適な温熱環境を作りやすい方式といえます。人だけを直接暖めるのにも適していて、床暖房の場合は、接触している足を直接暖める効果もあります。さらに、壁・床・天井は一度暖まると空気よりは冷めにくく、レンガやタイルなど熱容量の大きい材料の場合は特にその持続性は高まります。

　このように、部屋の大きさや暖房の使い方によって適切な器具を選定するのがよいでしょう。

写真II-3.6　サーキュレータ

■ 開放式の機器は換気に注意

　小型で持ち運べるタイプの石油ストーブやファンヒーターには、ランプや音声で換気を知らせる機能が付いているものが多く見られますが、エアコンには付いていません。なぜでしょうか。それは、石油を燃やした後の排気が室内に放出されているためです。ガスのストーブやファ

ンヒーターも同様で、これらの暖房機器は開放式と呼ばれています。一方、煙突がつながっている固定型の暖房機器は密閉式や半密閉式と呼ばれ、排気は煙突から屋外に出されるため室内の空気は汚れません。もちろん電気で動くエアコンは、燃料を燃やしていないので排気は出ません。開放式暖房機器は、排気と同時に水蒸気も発生するため室内が乾燥しにくいことは利点ではありますが、安全のためにこまめな換気に心がけて下さい。

■ 電気を効率よく使うヒートポンプ式暖房とは

　電気を使う暖房機器にも、エアコン、電気ストーブ、ホットカーペット、コタツなどさまざまありますが、そのエネルギー効率にはどのような特徴があるのでしょうか。エアコンのしくみはヒートポンプ式といって、屋外の空気の熱を室内に汲み上げるために電気の力を使っています。一方で他の機器はすべて、電気をそのまま熱に変えて暖めるしくみです。使用電力に対する供給熱エネルギーの比率であるエネルギー効率で見ると、後者は1を超えることはありませんが、前者のヒートポンプ式エアコンでは、3～6程度もあります。したがって、電気ストーブやホットカーペットでエアコンと同じように部屋全体を暖めるのは非常に非効率で、それぞれの機器に適した使い方をしないといけません。

　では、電気を使う暖房機器と、ガスや石油の暖房機器のエネルギー効率を比べた場合はどうなるでしょうか。大部分の電気は火力発電所でガスや石油を燃やして造られているため、その燃料使用量まで遡って比べると、ガスや石油の暖房機器は、電気ストーブやホットカーペットよりははるかに効率は高いのですが、近年の高効率エアコンよりは低くなります。ただし、前述した通り、機器によって暖まり方も異なるため、エネルギー効率だけにとらわれず、使う場所や使い方による違いを理解して、上手に使いわけたり組み合わせて使うことが重要といえます。

column コラム

体感温度の異なる二人の暮らし方

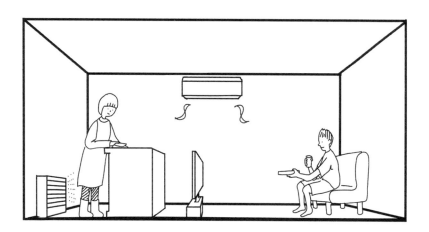

　冬のある休日の朝、「暑がり」のご主人と「寒がり」の奥様が居間でくつろいでいます。主人の装いは軽装で奥様は厚着で、服装だけでなく暖房の運転方法（設定温度など）、窓の開け閉めなどの個人の要求レベルには大きな差があります。このような夫婦は日本中、多くの家で見られると思いますが、もしかすると、エアコンの温度設定や窓の開け閉めの方法が原因で喧嘩に発展するかもしれません。

　同じ室内で過ごす人同士が求める熱環境に乖離があることは、住宅だけでなくオフィスや相部屋の病室でも起こっています。人の熱環境に対する生理的・心理的・行動的適応や順応、季節馴化に関する調査は数多く行われていますが、ここで例に出した「暑がり」、あるいは「寒がり」は、出身地、年齢や性別、これまでの生活経験（エアコンが運転された室内にいる時間が長いなど）の違いによるものと考えられています[1]。

　前節（2.2）で体感温度の一つとして「作用温度」をご紹介しました。室温と平均放射温度から求められる作用温度のように、計算によって予測できる物理量としての体感温度と、単に私たちが「いま、何℃と感じるか？」として表される心理量としての体感温度あります。ここでは、後者の心理量としての体感温度を「想像温度」と呼んで区別したいと思います。

　図II-3.6と**図II-3.7**は、札幌・熊本の小学生が夏のエアコンのない、通風された

教室にいる時の外気温、室温、想像温度に対する教室が、「暑くて不快（耐えられない）」と申告した児童の割合をそれぞれ示しています。札幌と熊本を比較すると、児童の50%が「暑くて不快」と思う想像温度が札幌では26℃前後なのに対して、熊本では30℃以上になります。教室の実際の空気温度についても同様の傾向がありました。つまり「暑くて不快」と感じる温度（想像温度や実際温度）には地域性が存在することがわかります。このことから寒冷地出身の人と温暖地出身の人では、「暑くて不快」と感じる温度帯が異なると考えられます。

　以上は、その地域で生まれ育った人が多いとされる11〜12歳の小学生を対象とした例ですが、成人を対象としても同様の傾向があると予想されます。したがって、家でもオフィスでも異なる出身地の人同士が同じ空間で過ごす場合、求める熱環境に違いがあると予想されます。

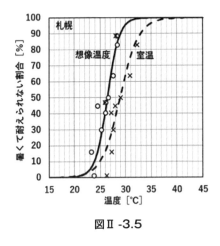

図Ⅱ-3.5

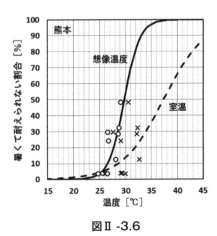

図Ⅱ-3.6

参考文献

1）斉藤雅也・辻原万規彦・緒方理子・酒田健：小学生の想像温度と暑熱不快・寒冷不快に関する研究　2012年夏・秋の札幌・東京・熊本を事例として，日本建築学会大会学術講演会，pp.467-468，2014

2）斉藤雅也：「不快でない」時間・空間を創る　放射（表面温度）をベースにした熱環境デザイン，特集　北の建築−温熱環境と建築の機能性，会誌「建築士」(2019年5月号)，公益社団法人日本建築士連合会，pp.28-33，2019

2.5　未来の住みなし術を見つける

　未来の住みこなしの"かたち"はどうなっているのでしょう。誰にとっても未来は未知なわけですから、想像力をかきたてられるところです。

　あまり遠い未来ではなく近い未来であれば、自分たちより"進んだ国々"の状況を覗くと、選ぶべきと思える未来が見えることもあります。だからといって、お手本がいつも外国、特に欧米諸国にしかないと思いこんで、国内での「未来の芽」を見過ごしてしまうようではいけません。注意深く国内を見渡してみると、まだ普及していないがために多くの人に知られていないだけで、実はそれこそが自分たちが選ぶべき未来の住みこなしのかたちなのかもしれないからです。

　未来は変えられます。未来志向の事例を見ながら、自分たちが形づくっていきたい未来の住みこなしを一緒に考えていきましょう。

■ 未来の住みこなしを覗くための眼鏡——エクセルギー

　未来の住みこなしにおいても、それを成り立たせるエネルギーや物質の資源を投入する必要があります。まずは投入する資源の未来を考えてみます。

　エクセルギーと書きましたが、エネルギーの間違いではありません。エクセルギーのことは『p.143「温もり」が得られる平均放射温度』で少しふれましたが、一般には見聞きしない言葉ですし、未来でも人類の最重要問題でありそうな"エネルギー問題"を考えていく鍵になる概念ですので、今一度解説しましょう。

　私たちが普段使うエネルギーということばの大半は、使いがってのよい、役に立つエネルギーのことばかりです。お風呂のお湯がいくらたくさんあっても、テレビやパソコンに必要な電力はほとんど取り出すことはできません。しかし、燃料があれば、燃やして発電もできるし、灯りをともすこともできる。熱を発生させることもできます。このような「エネルギーの使い勝手」のことをエクセルギーだと思ってください。別の言い方をすれば、エクセルギーは「エネルギーの実力」となります。低温の熱は使い勝手が悪く、実力が低い。燃料は使い勝手が良く、実力が高い。エネルギーの実力差を無視しては、浪費的な住みこなしになってしまってもおかしくありません。だから、エネルギーの実力にも配慮して話を進めよう、エクセルギーで語ろうというわけです。

　ここでみなさんにクイズがあります。牛ステーキ肉1枚がもつエネルギーはいわゆるカロリー値で示されるわけですが、これと同量のエネルギーを、95mの高さに持ち上げたボーリング球なら何個必要になると思いますか? また、室温20℃の部屋に置かれた温度80℃のペットボトルの場合は、何本で牛ステーキ肉1枚の化学エネルギーと同じになるでしょう? ぜひ考えてみてください。ちなみに牛ステーキ肉がもつエネルギーは化学エネルギーです。これは、原

子間の結合で蓄えられており、化学反応という原子同士の結合の仕方が変わることで放出されるエネルギーのことです。

　牛ステーキ肉が保有しているのは化学エネルギー、ペットボトルの温水が保有しているのは熱エネルギー、ボーリング球がもっているのは位置エネルギーです。位置エネルギーは運動エネルギーと同様に物体を動かす能力のことですので、両者を合わせて力学的エネルギーと呼びます。

　さらにもう一問、牛ステーキ肉の化学エネルギー、ペットボトルの温水がもつ熱エネルギー、ボーリング球がもつ力学的エネルギーのそれぞれから実現可能なサービスとはそれぞれ何でしょうか？想像してみてください。

　以上の問いに対する答えが**図Ⅱ-5.1**です。牛ステーキ肉1枚と同じエネルギーの量を得るには、80℃・330gの温水ではボトル30本、95mの高さのボーリング球は1000個が必要となります。その一方で、それぞれのエネルギーで実現可能なサービスは、化学エネルギーが動物への"カロリー"供給や発電、燃料になり、力学的エネルギーが物の移動、発電、着火可能なほどの高温の熱になります。80℃の温水のもつ熱エネルギーは採暖やお茶を淹れることにとどまり、他の二つに比べればいかにも使い勝手が悪いといわざるをえません。エネルギーの量は同じであっても、エネルギーの種類が異なれば、それらから得られるサービスは大きく異なっているわけです。

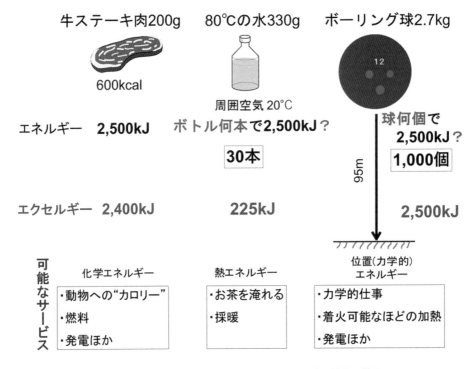

図Ⅱ-5.1　エネルギーの種類と能力のクイズに対する答え

　図II-5.1には、牛ステーキ肉、温水、ボーリング球のもつエクセルギーの値も示してあります。牛ステーキ肉のエクセルギー（化学エクセルギー）は2400kJ（キロジュール）であり、エネルギー（化学エネルギー）2500kJの値の9割以上になっています。化学エネルギーの実力は高いというわけです。ボーリング球のもつエクセルギー（力学的エクセルギー）はエネルギーと変わらず2500kJとなっています。力学的エネルギーは使い勝手のない部分がまったくないエネルギーなのです。他方、温水がもつ熱エクセルギーはたった225kJであり、エネルギーの1割にも満たないのです。このことは、80℃・330g×30本の温水から得られるサービスが採暖とお茶淹れ程度だったことと合致します。

　暖房や給湯では、物体に着火が可能なほどの高温ではなく、35〜40℃の温水を使います。電力には電力にしかできない、家電製品などの駆動という仕事があるわけで、それをさしおいて暖房・給湯での熱需要にエクセルギー値の高い電力を振り向けてしまうと、他所で必要な電力の需要を賄うことの障害になります。というのは、これまでで見てきたように、太陽熱や木質燃料で得られる熱は高くても80℃程度の温度で放熱器から室内空間に供給されるので、熱の需要には、熱そのものを供給すれば、他所での貴重な電力需要を奪い取らずにすむからです。熱より電気の方が貴重ということです。

　樹木を剪定した枝・幹や製材所のおがくずは、地域で発生する木のごみですが、それらは化学エクセルギーをもちますので、発電もできるし、暖房・給湯もできます。だからこそ、木質バイオマスは、未来に持続して利用できる、未来のエクセルギーのひとつに数えられます。同様に、日射（太陽）エクセルギーも発電・給湯・暖房・照明を行なえるから、未来のエクセルギーです。いずれも現代人があまり利用しようとしないだけで、ただで自然から得られるポテンシャル（潜在的資源）です。自然のポテンシャルは天然由来の資源ですから、それらを利用しても環境汚染をもたらすことはなく、自然に周期的に再生します。

　未来のエクセルギーはバイオマスや日射だけでなく、他に風力、雪氷、潮力、地熱などがあります。考えてみれば、自然換気は自然の風がもつ運動エクセルギーを室内に導入して、可感気流による涼感を与えたり、高温の室内空気を排除するわけで、通風も自然エクセルギー利用に他なりません。このようにエクセルギーは住みこなしに必要な自然のポテンシャルのよさをあきらかにして、私達に見せてくれる概念でもあるわけです

■ 未来のエクセルギー「木質バイオマス」の活かし方を見る（国内）

　薪とは異なり、製材所のオガクズを圧縮機で犬猫のドライフードのような形に固めた木質ペレットという燃料があります。**写真II-5.1**の左側が木質ペレット燃料で、右側はいわゆるペレットストーブです。ペレットストーブは、吸引した室内空気を、木質ペレット燃料の燃焼熱で加熱して送風するファンヒーターであるとともに、表面温度40数℃の本体から放射熱を放出するラジエーター（放射放熱器）ですので、ここではペレットヒーターと呼びます。

　写真II-5.1のペレットヒーターは世界で唯一床下に温風を吹き出す使い方も可能な機種で

す。この機種は戸建住宅において1階で温風床暖房、2階で対流暖房という全館暖房を実現できます。

　図Ⅱ-5.2はペレットヒーター利用温風床暖房のしくみとその上下温度分布を示しています。1階から2階への給気は高温の空気のため自然な上昇気流に任せればよく、2階の天井にある還気口を経て循環ファンによって2階の空気を1階の床下に戻せば、暖気が2階の天井に滞ることがなく全館暖房になります。

写真Ⅱ-5.1　袋詰めしてある木質ペレット燃料（左）とペレットヒーター（右）

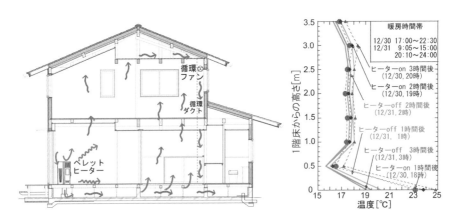

図Ⅱ-5.2　ペレットヒーター利用温風床暖房の仕組み（左）とその上下温度分布（右）

　図Ⅱ-5.2右側の上下温度分布では、暖房時に1階の床表面温度が23〜25℃、空気温は1階も2階も17〜18℃です。2階は少し厚着をしないと寒いと思えるような室温になっていますが、実は調査当時、住まい手の方にお子さんが生まれたばかりで、家族全員がほとんど1階で生活していました。1階では床の伝導採暖効果とヒーター本体・床からの放射暖房効果も加わるので、体感温度は20℃程度になっており、快適性が得られています。2階も生活空間として使うようになれば、住まい手の方はヒーターの出力を上げて、室温は1、2階ともに20℃ぐらいに調整するのでしょう。

　ストーブやファンヒーターのあるリビングだけが暖かい、よくある暖房に比べれば、全館暖

房でかつそのエクセルギーが再生循環型資源なのですから、ペレットヒーター利用暖房は未来型の暖房と言ってもいいでしょう。このような未来型の技術は、他にも太陽熱を利用した暖房や給湯などがあり、多くの人に認知されていないだけで、すでに確立されている技術が少なくありません。

さて、木質燃料が安価に入手できるような地域の場合、木質燃料の種類を薪、木質チップ（切削した欠片）、木質ペレットのいずれにするのか、暖房システムを薪ヒーター、ペレットヒーター、バイオマス発電所があるならエアコンにするのか複数の選択肢がありえます。**図II-5.3** は、このようなバイオマス利用暖房のシステムについてエクセルギーの流れをシステム別に比較した結果です。システムの最上流に投入されるエクセルギーはペレットヒーターが 48 〜 54 GJ/年、バイオマス発電利用エアコンが 60 〜 67 GJ/年になっており、後者が前者の 2 割増しになっています。これはバイオマス発電所の発電効率が低い場合ですが、発電効率を最大限に向上しても、システム最上流に投入するエクセルギーはペレットヒーターの場合とあまり変わらない結果になります。

ペレットヒーターに比べれば、バイオマス発電もエアコンもはるかにハイテクという印象が強いので、意外に思う方が多いかもしれませんが、バイオマス発電を利用するエアコン暖房の効率が予想外に低くなっている原因は、化学エネルギーから高温・高圧の蒸気のもつ熱に、熱から電気に、電気から熱に、というぐあいにエネルギー変換の回数が多いことです。苦労してたくさんのエネルギー変換を行なっても、燃焼系暖房装置であるペレットヒーターと同じ

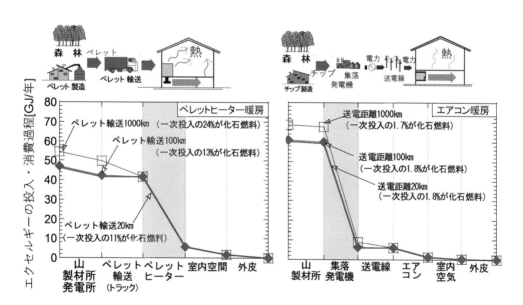

図II-5.3　二つのバイオマス利用暖房におけるエクセルギーの投入消費過程。木質燃料を燃やして発電し、その電力でエアコン暖房を行なっても、木質燃料をヒーターで燃やして発生した熱を温風にのせて暖房を行なっても、システム最上部と室内に投入されるエクセルギーに著しく大きな差はない

程度の効率なら、暖房はペレットヒーターに任せて、電力を動力系機器や照明設備などにあてた方はいいと思うのは私だけではないでしょう。

　以上のような物理的性能とは別に、バイオマス発電利用エアコンの暖房とペレットヒーター利用の暖房とでは、バイオマスの需要地と供給地との関係におけるお金の流れが異なってきます。バイオマスで発電する場合、発電所の立地が電力の需要から遠く離れていても、送電網で電気を運べばいいので、必ずしもエクセルギーの地産地消にはなりません。暖房経費は、バイオマス発電を利用するエアコンの場合、バイオマス発電を行う電力会社に電気料金が支払われるわけで、そのような電力会社が地元企業ではなければ、地域にお金が還元されません。これに対してペレット燃料の場合、わざわざ送料が高く上乗せされる域外のペレットを購入する意味はないので、ペレット燃料の供給者が地元の企業になり、暖房経費≒ペレット代は地元に還元されます。ただし、外国も含めた域外産のペレットの価格が、送料込みで地元産のものより安い場合には、地域経済への好影響は望めません。これは、バイオマス発電の原料が安い域外産・外国産の場合も同様です。このようなことから、バイオマスの資源利用には、地域として経済の循環をぶれない方針（政策）にすえ続ける必要があります。

　残念ながらそのようなぶれない方針を実現し、持続している地域は国内ではまだ数例にとどまりますが、国外ではある程度定着している事例も珍しくありません。私が調査で知った事例を紹介しましょう。

■ コミュニティでの住みこなし──オーストリアの木質熱利用

　オーストリアは木質バイオマス利用の世界的先進国と言われています。たとえば**写真Ⅱ-5.2**は、オーストリアの典型的な風景です。オーストリアでは、ウィーン以外で車を走らせているとこのような風景を容易に見つけることができます。製材所では、建築や家具用の木材を切り出すだけでなく、それらの端材や削り屑を燃料として生産しています。ちなみにオー

写真Ⅱ-5.2　オーストリアの製材所。首都ウィーンを除くと車を走らせれば製材所を見つけるのが容易なくらい林業が盛ん

ストリアに原子力発電所はなく、発電における電源のシェアは、天然ガス火力と水力とでちょうど半々になっています。オーストリアは、木質バイオマスで熱需要をある程度満たせるだけでなく、電力に関しても電源の半分にいわゆる再生可能エネルギーを利用している国でもあります。

　オーストリアでは地場産の木質燃料を安価に入手することが容易なので、暖房・給湯用といった熱利用の目的で木質燃料を用いる事例が珍しくありません。その普及の状況は、日本におきかえると、電気自動車の普及状況がおおよそ近いところかもしれません。木質バイオマスの熱利用設備は、木質燃料用のサイロ、木質チップや木質ペレットを専用の燃料とするボイラー（バイオマスボイラー）と、その供給する熱を一旦蓄える蓄熱槽、温水を送るためのポンプといった設備で構成され、それらが収納されている木質エネルギーステーションから熱需要のある住宅群に熱供給が行なわれます（**写真II-5.3～5.5**）。

　これらの設備を導入した利用者にインタビューして気づいたことですが、彼らは補助金による費用の削減を評価しているだけではなく、それと同時に地域への富の還元になるという環境経済の政策を支持していました。

　木質バイオマス熱利用設備を導入した住宅群には、化石燃料焚きのボイラーは一切設置されていません。オーストリアではオーストリアバイオマス協会など、木質バイオマス熱利用設

写真II-5.3　旧消防署を用いた木質バイオマスエネルギーステーション（左）とその燃料サイロ（右）

写真II-5.4　エネルギーステーション内部にあるバイオマスボイラー（左）と蓄熱槽・循環ポンプなどの設備（右）

備を熟知した専門家集団があり、専門家が育成され派遣されるようになっており、これらの設備に不慣れな技術者による計画・施工のミスが生じないようになっています。

　日本では、外出先からスマートフォンで遠隔使用できるエアコンがありますが、オーストリアのバイオマスボイラーはユーザーがスマートフォンやパソコンで状態確認と遠隔操作が行なえるようになっています（**写真Ⅱ-5.6**）。

　オーストリアがこのように木質バイオマス利用の先進国になったのは、戦後、重工業燃料用に木を乱伐して禿山ばかりを出現させた果てに、時間をかけて方針を練っていった結果であって、実に30数年の年月を要しています。私達が未来志向のエクセルギーを活用していくには、技術＝ハードを開発するだけでなく、それにふさわしい使いこなし術＝ソフトを育てていく必要があり、その実現は一朝一夕にはいかないものかもしれません。

　資源の調達も含むコミュニティでの住みこなしを未来型に推し進めていくには、個人の住みこなし術にとどまらず、環境政策の熟成や専門家集団の育成などといった社会制度こそが地域でこなしていくべき対象になるのです。

写真Ⅱ-5.5　木質エネルギーステーションのバイオマスボイラーから温水を供給される住宅群。温水は暖房と給湯に用いられる。化石燃料を使用する暖房・給湯設備は設置されていない。

写真Ⅱ-5.6　バイオマス暖房が実現されているのは築200年以上の古民家を再生したレストラン・住宅の室内はきわめて快適（左）。バイオマスボイラーに異常があれば、電子メールが設備管理者とバイオマスボイラーのメーカー企業に即座に届くようになっている（右。現地調査のコーディネート：エネクスレイン代表・小室大輔氏）。

■ 未来の住みこなしを育む楽しさ

　本書に書かれたさまざまな住みこなし術は、それを経験した各著者が、快適に感じたり、楽しい思いをしたからこそ、このような1冊の本にして、広く世の中に発信したいと思った内容です。私達の試行錯誤が、やってみると多くの人にとって楽しいことであって、そのこと自体に試みる価値があるならば、フォロワーは自ずと増えていくはずです。もしそうであれば、いつの間にか世界的にもユニークかつ意義のある生活文化になっていくかもしれません。

　本書で紹介した住みこなし術を実践することが、みなさんの住まい方を新たに楽しく快適なものにすると私たち著者は期待しています。もし私たちが、住みこなし術の展開によって生活の中の快適性や安心感を実現し、化石燃料の枯渇におびえることなく、再生し循環する自然資源を日々の暮らしで上手に活かせれば、それこそが持続可能な住みこなし術なのでしょう。いつの日か、そのような住みこなし術を多くの人たちと実現し、子どもたちへとつないできたいものです。それが大人たちの責任なのではないでしょうか——少なくとも私はそう思います。

参考文献

1）宿谷昌則編・西川竜二・高橋達・斉藤雅也・伊澤康一・浅田秀男・シュバイカマーセル・岩松俊哉共著：エクセルギーと環境の理論——流れと循環のデザインとは何か[改訂版]，井上書院，2010。

2）高橋達・八田翔：木造住宅におけるペレットヒーター利用温風床暖房の暖房効果に関する実測調査，日本建築学会技術報告集，第54号，pp.591-596，2017.6

3）深田悠平・八田翔・高橋達：バイオマス発電利用床下エアコンとペレットヒーター利用温風床暖房エクセルギー消費過程の比較，Proceedings of JSSES・JWEA Joint Conference（2018），pp.97-100，2018.11

4）Itaru Takahashi, Charlotte Marguerite and Ralf-Roman Schmidt, An Exergy Evaluation on Micro-District Heating with Industrial Waste Heat in Vienna, Proceedings of Ecos 2020 - The 33rd International Conference on Efficiency, Cost, Optimization, Simulation and Environmental Impact of Energy Systems June 29-July 3, 2020, Osaka, Japan, pp. 1814-1825, 2020.7

5）高橋達・東急リゾートサービス：NEDO バイオマスエネルギーの地域自立システム化実証事業／地域自立システム化実証事業「里山エコリゾートのためのスローテクノロジー統合の地域木質熱利用システムの事業性評価(FS)」報告書，NEDO，pp.70-93，2016.3

索　引

あ	アメダス（AMeDAS）	44, 98
	アンビエント照明	132, 133
い	意識	52
う	ウィンドキャッチ窓	100
	打ち水	63, 69, 74, 75
	運動エネルギー	99
え	エアコン	12, 13, 18, 19, 20, 32, 35, 41, 56, 64, 85, 87, 89, 94, 95, 112, 115, 120, 155, 172, 174, 175, 181
	エクセルギー	143, 144, 177, 179, 181, 184
	遠赤外線	62, 63, 64, 93
	遠赤外放射	55
	煙突効果	101
お	屋外伝搬音	112
	音環境	112
	温度差換気	101, 102, 104, 108, 109, 110
	温度ムラ	84
	温熱感覚	47, 48, 98
	温熱性発汗	98
か	外気冷房	97, 108
	開口面積	101
	外部騒音	113
	開放式	35, 173, 174
	可感気流	96, 100, 103
	拡散光	132
	可視光	54, 55
	可視光線	129
	加湿器	35, 46, 167
	風向	99, 100
	感覚器官	52
	換気	10, 11, 14, 16, 35, 37, 38, 39, 51, 56, 72, 83, 97, 100, 101, 104, 105, 108, 120, 121, 151, 167, 168, 169, 170, 173
	換気口	16, 24, 83, 101, 113, 120
き	気候	35, 43, 122, 146
	季節感	43, 44, 46
	北向き開口	150
	輝度	132
	気密性	31, 38, 39, 51, 95, 97, 100, 101, 121, 126, 127, 167, 170
	給気口	37, 38, 39, 121
	魚眼レンズ	78
	近赤外放射	55
く	空気	3, 10, 11, 15, 16, 17, 32, 34, 35, 37, 38, 52, 56, 83, 84, 89, 96, 101, 102, 103, 104, 105, 108, 118, 119, 120, 121, 142, 143, 144, 156, 166, 168, 169, 170, 173
	空気音	112
	空気温	42, 56, 64, 87, 112
	空気線図	34

け	夏至	57, 58, 131
	結露	16, 24, 34, 35, 113, 126, 127, 129, 136, 158, 167,169, 170
	建築環境	50
	建築模型	108
こ	コールドドラフト	22, 32, 33, 136, 137, 138, 155, 156
	固体音	112
さ	サーキュレーター	104, 106, 167
	採光	101, 129, 130, 131, 132, 150
	作用温度	143, 175
し	シーリングファン	83, 84
	紫外線	7, 129
	自然換気	38, 108
	室外機	96, 112, 115, 116
	湿度	13, 15, 17, 35, 46, 56, 64, 74, 143, 166, 167, 168,170
	湿度計	3, 16
	室内外温度差	101
	室内機	96, 112
	湿り空気線図	34
	遮音実験	116
	遮音性	113
	遮音等級	113
	遮熱	54, 57, 62, 63, 64, 65, 66, 78, 95
	周壁平均温度	144
	蒸発	66, 67, 68, 69, 74, 98, 126
	蒸発冷却	67, 68, 69, 70, 97
	照明	33, 51, 124, 132, 133, 134
	春分	58
	秋分	58
	真空ガラス	151
	振動伝搬	112, 141
す	水平庇	57, 58
	簾	5, 6, 7, 8, 43, 58, 65, 66, 67, 68, 69, 70, 81, 120, 124, 132
	住まい方	15, 28, 97
	住みこなし	20, 28, 34, 43, 44, 45, 97, 129
	スモークテスター	103, 109
せ	赤外線	129, 145
	赤外線放射カメラ	86
	全般照明	133
	扇風機	5, 13, 14, 83, 84, 86, 87, 88, 94, 97, 101, 104, 108,109, 110, 112, 119, 173
そ	騒音計	114, 115, 116
	想像温度	44, 175, 178
	ソーラークッカー	59, 60, 61
	外断熱工法	144
た	体感温度	22, 23, 94, 97, 98, 99, 100, 119, 143, 166, 173, 175
	第三種換気	37, 39, 120
	太陽位置図	55, 131
	太陽高度	55, 58, 71, 124, 130, 131
	太陽方位角	55

	太陽放射	109
	対流	64, 97
	対流式（冷）暖房	90, 93, 144, 172, 173
	タスク&アンビエント照明	132
	タスク照明	133
	縦すべり出し窓	100, 108, 110
	縦庇	58
	縦ルーバー	58
	断熱	31, 34, 56, 73, 95, 141, 142, 147, 151, 154, 158, 159, 161, 163, 169, 170, 171
	断熱リフォーム	170
	短波長放射	55
	暖房	22, 23, 27, 29, 32, 34, 39, 48, 51, 129, 141, 143, 144, 145, 161, 163, 164, 172, 173, 174, 175, 182
ち	知覚	51, 52, 55, 56
	蓄冷	119, 120
	中性帯	101, 102
	長波長放射	55, 56, 143
	直達日射	66
つ	通風	4, 5, 9, 11, 13, 19, 56, 66, 97, 98, 99, 100, 101, 102, 103, 108, 112, 119, 175
	通風経路	100, 103
	通風輪道	100
て	天空日射	66
	天空光	82, 132
	電磁波	54, 55, 63
	天井扇	83, 84
と	冬至	148
な	ナイトパージ	14, 76, 118
	内部発熱	95, 101
	南中高度	57
に	日射	3, 4, 7, 44, 55, 56, 62, 65, 66, 74, 76, 125, 130, 142, 152, 155, 156
	日射受熱量	58, 153
	日射取得率	123
	日射熱	62, 63, 74, 101, 132, 133
	認知	52
ね	熱	5, 9, 10, 11, 13, 16, 33, 44, 52, 57, 59, 62, 63, 71, 72, 74, 118, 119, 123, 125, 141, 142, 175
	熱素	142
	熱損失（熱損失係数）	124, 130, 143, 154, 155, 157, 158
	熱損失量	142
	熱中症	13, 43, 63, 78, 85, 98
	熱伝導	142, 165
	熱バランス	63
	熱容量	120, 173
は	バイオマス	179, 182
	パッシブデザイン	18, 76
	半密閉式	174

ひ	光	5, 52, 54, 55, 60, 62, 129, 132
	ヒートアイランド	13, 76
	ヒートポンプ	41, 92, 174
	微気候デザイン	102
	皮膚表面温度	97, 98
	表面温度	16, 22, 23, 34, 35, 56, 64, 66, 67, 68, 69, 74, 87, 88, 92, 93, 98, 136, 141, 143, 145, 154, 155, 158, 159, 160, 161, 163
	日除け	5, 6, 7, 8, 56, 62, 63, 65, 66, 67, 74, 75, 80, 81, 102, 120, 131, 132
	昼光照明	132
	昼光率	138, 139
ふ	風圧係数	99, 100
	風圧力	99
へ	ペアガラス	23, 123, 155
	平均放射温度	143, 144, 145, 175
ほ	放射	22, 54, 55, 56, 64, 89, 92, 129
	放射温度	99
	放射温度計	68, 69, 86, 88, 159, 161
	放射式（輻射式）暖房	172, 173
	放射熱	54, 55, 57, 71, 78, 91, 172, 173
	放射冷暖房	89, 91
	ホットカーペット	172, 174
ま	薪ストーブ	93, 144, 172
	マスキング	113
み	緑のカーテン	7, 8, 58, 65, 66, 67, 70, 76, 77, 82, 102, 120, 124, 132
め	明順応	132
も	模型実験	108, 146
	木質バイオマス	183, 184
や	夜間換気	14, 118, 119, 120
ゆ	有効温度	48
	床暖房	26, 27, 28, 35, 39, 40, 42, 63, 89, 90, 161, 172, 173
よ	葦簀	7, 8, 81
ら	ライトシェルフ	132, 133
	ラジエーター	91, 92, 93, 179
	ラジコン	50
れ	冷房	5, 51, 52, 56, 62, 63, 71, 86, 90, 95, 98, 133, 150
A	APF（Annual Performance Factor）	95
M	MRT	143
S	SDGs	76, 77
U	Ua 値	157
W	WBGT	63, 78

季節を味わう住みこなし術

～ちょいケアで心地よいライフスタイルに大変身～　　　　　定価はカバーに表示してあります。

2022 年 9 月 30 日　1 版 1 刷発行　　　　　　　　　　　ISBN 978-4-7655-2637-1 C3052

編　　　　者	一般社団法人日本建築学会
発　行　者	長　　滋　彦
発　行　所	技 報 堂 出 版 株 式 会 社

日本書籍出版協会会員
自然科学書協会会員
土木・建築書協会会員

Printed in Japan

〒101-0051	東京都千代田区神田神保町 1-2-5
電　　話	営　業　（03）（5217）0885
	編　集　（03）（5217）0881
	Ｆ Ａ Ｘ　（03）（5217）0886
振 替 口 座	00140-4-10
Ｕ　Ｒ　Ｌ	http://gihodobooks.jp/

© Architectural Institute of Japan , 2022

落丁・乱丁はお取り替えいたします。

イラスト　吉武　舞　　装丁　浜田晃一
印刷・製本　愛甲社